日本史で読み解く「世襲」の流儀

眠れないほど面白い「お家相続」の真実

河合 敦
Kawai Atsushi

ビジネス社

はじめに　日本史は「引き継ぎ」ケーススタディの宝庫

世界一高齢化している日本社会。今後さらに、その傾向に拍車がかかっていくことだろう。そうした状況のなか、今、大きな問題となっているのが、中小企業の経営者にとっての事業承継である。

息子や娘が後を継ごうとせず、黒字経営でありながら会社をたたむ経営者が少なくないという。このため、せっかく素晴らしい技術やノウハウを持ちながら、珠玉のような町工場や老舗が続々と姿を消していっている。

どうも昔から日本人は、血縁による世襲にこだわる傾向がある。

たとえば、幕末に幕府の使節に随行してアメリカに渡った福沢諭吉は、初代アメリカ大統領ワシントンの子孫に、人々がまったく興味を示さなかったことに衝撃を覚えている。「世襲」や「貴種《きしゅ》」を重んじる日本とは、まったく違っていたからだ。ただ、この一事をもって諭吉は、自由で平等なアメリカという国家の本質を理解したという。そして今後、日本も身分を超越し、実力によって立身できる世をつくるべきだと考えたのである。

本書では、日本史における「世襲」や「事業承継」というものに焦点を当てて、歴史上の偉人たちがどのように権力や地位、富を後進に引き継いでいったのかを紹介していく。

ＮＨＫの大河ドラマで話題になった徳川家康は、長男信康への承継に失敗し、凡庸な三男秀忠を後継者に選んだが、晩年、徳川の将来を秀忠に任せるのが心配で仕方なかった。けれど秀忠は、父から見事に権力を引き継ぎ、将軍の権威を高めて幕府安定の礎を築いたのである。いったい、なぜそれができたのか、おそらく読者諸氏は気になるだろう。

本書では、そうした意外で、かつ〝ダメ〟になる事例を数多く集めた。

時代も、毛利元就、豊臣秀吉、伊達政宗、北条氏綱など戦国大名を中心にしつつ、古代の藤原不比等、中世の後醍醐天皇、近世の西川家（現在は寝具で有名だが祖業はまったく違う）、近代の渋沢栄一など、広く日本史全体を網羅し、世襲や事業承継の明暗を考察した。

見事に後継者にバトンを渡した偉人、跡継ぎの育成に失敗した歴史人物など、そこから、さまざまな教訓を学び取ることができるはずだ。ぜひとも楽しみ、そして驚きながら本書を読み進めていってほしい。

二〇二三年十月

河合敦

第2章 親子の情愛よりも大切なお家存続のための「現実主義思考」

第3章 時代の変化を乗り越えて一族の結束を支え続ける「家訓の力」

第4章 情熱だけでは担保できない「教えの継承」の理想と現実

第6章
近代日本経済の両巨頭で明暗が分かれた「二代目教育」

渋沢栄一

第1章

日本の命運を分けた「天下統一」の事業承継

▶徳川家康
（1543〜1616）

▶豊臣秀吉
（1537〜1598）

徳《とく》川《がわ》家《いえ》康《やす》

天下人、江戸幕府初代将軍
1543年～1616年

「凡庸な跡継ぎ選び」が導いた徳川二百六十年の繁栄

家系図

松平広忠 ＝ 於大の方
　│
徳川家康
　├ 信康
　├ 亀姫
　├ 督姫
　├ 秀康
　├ 秀忠
　├ 義直
　├ 頼宣
　└ 頼房

河合先生のここがポイント！

人質から天下人に成り上がった徳川家康。日本で最も出世した偉人といえるだろう。

慶長8年（1603）、朝廷から征夷大将軍に任じられて江戸に幕府を開いた家康だが、そのわずか二年後、息子の秀忠《ひでただ》に将軍職を譲り、徳川が政治権力を世襲することを内外に誇示した。さらに武家諸法度、一国一城令、禁中並《きんちゅうならびに》公家《くげ》諸法度《しょはっと》、寺院法度などで、政権を危うくする大名、朝廷、寺社と徹底的におさえたのである。

けれど、将軍を隠退して大御所になってからも秀忠には政治を任せず、家康は死ぬまで権力を手放さなかった。このため、死に臨んで家康は、秀忠のもとで徳川政権が続くかおおいに心配したが、それはまったくの杞憂に終わった。

「凡庸」と言われた秀忠が、じつは極めて優れた為政者だったからだ。いったい秀忠はどのように家康から権力を引き継ぎ、徳川体制を盤石にしたのだろうか。

嫡男に裏切られかけた「神君」

天下を統一して戦国の世を終わらせた徳川家康は、江戸幕府を開いて初代将軍となった。その後、将軍職は秀忠、孫の家光《いえみつ》と十五代にわたって継承されていき、徳川将軍家のもとで二百年以上にわたって平和な世の中が続いた。そういった意味で家康は、見事に事業承継に成功したといえる。

でも、そんな家康も当初は、跡継ぎの育成に失敗している。長男の信康《のぶやす》を二十一歳の若さで死に追いやっているからだ。

歴史に詳しい方は、家康が息子を切腹させたのは、織田信長に命じられて仕方なかったのだと思っているだろう。

大久保彦左衛門《おおくぼひこざえもん》が著した『三河物語』などによれば、信康と妻・徳姫《とくひめ》（信長の娘）の仲が悪く、不満に思った彼女が夫の信康と姑の築山殿《つきやまどの》の悪口を書き連ねて父に送ったという。その文中に決して信長が許容できない文言が含まれていた。

築山殿が甲斐出身の「めつけい」という唐人医師と不倫しており、彼を通じて敵の武田《たけだ》勝頼《かつより》と内通し、信康を引き込んで謀反を企んでいると記されていたのだ。

驚いた信長が、家康の重臣・酒井忠次《さかいただつぐ》を呼び出して問いただしたところ、なんと事実だと認めたのである。そこで怒った信長が家康に信康の処分を命じ、泣く泣く家康は息子を自刃させたといわれてきた。

ところが近年、この逸話は疑わしくなっている。

家康自らの意志で、息子信康を滅ぼしたという説が有力になりつつあるのだ。これまで言われてきた話とは正反対なので、驚く読者も多いだろう。家康が信康を処罰したのは、信康一派が家康に謀反を企んだからとか、家康と信康が外交方針をめぐって対立したのが要因だ、などといわれている。

ただ、戦国時代には親子や兄弟で殺し合う例はあちこちで発生している。家康の宿敵である武田信玄《しんげん》も、謀反を企んだ息子・義信《よしのぶ》を幽閉し、一説には自刃させたといわれている。そういった意味では、決して珍しくない話ではあるが、のちに「神君」といわれる家康も嫡男の信康に背かれてしまったようだ。それを隠すため、後世に〝お涙ちょうだい〟の話が創作されたのかもしれない。

凡将・秀忠の登場と遅参のトラウマ

家康が自分の後継者に選んだのは、三男の秀忠であった。次男の秀康《ひでやす》は跡継ぎにしなかった。これについては、秀吉の養子に出したからとか、家康が三河の名家出身の西郷局《さいごうのつぼね》（秀忠の母）を寵愛したからなど、諸説あってよくわからない。

だが、ご存じのとおり、慶長五年（一六〇〇）、秀忠は関ヶ原合戦に遅参し、凡将のレッテルを貼られてしまう。合戦前、江戸にいた家康は秀忠軍を東山道から先発させた。率いた武士の多くは徳川譜代の大身や猛将であり、家康が引率した武士に小者が多いのと比較すると、秀忠軍のほうが徳川軍の主力部隊といえた。天下分け目の合戦で、息子に花を持たせてやろうという気持ちがあったのかもしれない。

だが結局、真田昌幸《さなだまさゆき》の拠《よ》る上田城に足を取られ、秀忠が到着したのは関ヶ原合戦の三日後であった。

このため、腹を立てた家康は秀忠に会わなかった。さらにその後、主な重臣たちを集めて、後継者の再選定会議を開いたという。このとき秀忠を推した者は、大久保忠隣《おおくぼただちか》ただ一人だったといわれている。家康もずいぶん酷なことをする。けれど、近年、この会議については否定されている。いくらなんでも、さすがに家康もこんなまねはしないだろう。秀忠の面目が丸つぶれになるからだ。

とはいえ、合戦に遅参したことは、秀忠にとって大きな心の傷となったようで、次の戦《いくさ》では決して遅れまいと行動している。ちなみに次の合戦というのは、関ヶ原合戦から十四年後の大坂冬の陣である。

家康は、慶長十九年（一六一四）十月一日に諸大名に大坂への出陣命令を発し、自身は十一日に二十万という大軍で駿府を出立し、二十三日に京都の二条城に入った。

このとき江戸城にいた秀忠は、出立に手間取り、家康が二条城に入った日に六万の軍勢を連れてようやく江戸を発している。ただ、その日のうちに神奈川宿に着くと、家康の側近の本多正純《ほんだまさずみ》に対して「本日、神奈川にまでやってきた。まもなく上洛するから、私が行くまでは開戦を待つよう父上に伝えてほしい。時機を失いたくないのだ」と記した書簡を送っている。

あきらかに関ヶ原合戦がトラウマになっていたのがわかる。

その後も秀忠は、たびたび正純や藤堂高虎《とうどうたかとら》（外様だが家康の側近）に同じ内容の文書を送り、常識外れのスピードで進軍していった。

これを知った家康は「大軍なのに、無理な行軍をするな」と使いを送っていさめたが、なんと秀忠はこれを黙殺したのだ。

二十九日に東海道の吉田宿に到着した秀忠軍だったが、「御道急がせ給《たま》ふほどに、供奉《ぐぶ》のともがら武具諸調度まで残置《のこしおき》て馳走《ちそう》（馬を駆って走った）せり」（『徳川実紀』）という異常な状況になった。さらに、三日前に出立した先鋒隊の伊達政宗《だてまさむね》軍を追い越しそうになったのである。

十一月一日、そんな秀忠は三河国岡崎で、また家康の書面を受け取った。そこには「大軍を急に押給はば、人馬疲労するのみならず行列混乱し、其上軽率の御挙動、大体を失ひ給ふべし。かまへて緩々《ゆるゆる》と押れて、寛大持重の体《てい》を失い給ふまじ」（『徳川実紀』）と書かれてあった。

そこで、さすがに秀忠も歩みを緩め、十日になって京都の伏見城に入ったのである。

それにしても、たった十七日間で江戸から京都まで六万の大軍を連れてくるのは、尋常なスピードではなく、遅れてはなるまいという秀忠の焦りがよくわかる。

代表取締役会長・家康、決定権なき社長・秀忠

さて、話を関ヶ原合戦まで戻そう。

秀忠軍の遅参もあって、合戦で活躍したのは東軍に属した豊臣系の大名たちで、家康の直臣たちは大功を立てられなかった。このため、外様に大幅な加増をせざるを得ず、家康は完全に権力をにぎるのに手間どり、江戸に幕府を開いたのは、慶長八年（一六〇三）二月のことになった。

ところが、わずか二年後の慶長十年（一六〇五）四月、家康は将軍の地位を秀忠に譲ってしまう。今後は代々徳川家が将軍となって権力をにぎるということを、内外に示すためだった。大御所となった家康は、このとき六十四歳、すでに隠居してもいい年令だが、それ以後も家康は権力を手放さなかった。

中小企業の社長が息子に社長職を譲りながら、会長として会社を牛耳るようなやり方だ。

しかも、まもなく駿府城に移った家康は、死ぬまで権力を維持し続けたのである。

よく、秀忠が将軍になって以降、徳川政権は江戸（秀忠）と駿府（家康）で二頭政治を

おこなっていたとされるが、それは嘘だ。駿府の家康がブレーンに政策を練らせ、それを江戸の秀忠に実行させていただけ。現在の事業承継とは正反対の手法である。とはいえ、そうしたやり方があってもよいだろう。

けれどそうなると、一般的に二代目社長が不満を持つものだが、秀忠はひたすら父を敬愛し、逆らうことはなかった。

これに関して、次のような逸話が伝わっている。秀忠が駿府城に滞在したさい、家康は側室の阿茶局《あちゃのつぼね》に「秀忠はまだ若者だ。さぞかし独り寝は寂しかろう。侍女の花《はな》に菓子でも持たせ、あいつの部屋へ遣わしてやれ。きっといい慰めになるだろう」と夜伽《よとぎ》の女を送らせた。花は、有名な美人だった。

ところが秀忠は、花が家康から遣わされた者だと知ると、裃《かみしも》をつけて正装したうえで、部屋へ迎え入れて上座に座らせたのだ。そして、彼女が持参した菓子を頭にいただいて丁重に礼を述べたうえ、「今宵《こよい》は遅いですので、どうぞ早めにお帰りください」と、自ら戸口まで出て見送った。

その話を聞いた家康は「あいつの律儀さには、はしごをかけても届かない」と苦笑したという。少々、わざとらしさを感じるものの、ここまで実の息子に敬愛されたら、家康も秀忠を可愛く思うだろう。

　秀忠は、家康のようなカリスマ性がないことは自分が一番わかっていた。だから父を崇敬したのであり、さらに父の言動も見習ったのである。

徹底して学んだ息子、それでも信じられない父

　幸いなことに家康は、大の教え好きであった。重臣たちにはことあるごとに、政治のあり方について諭していた。たとえば、「徳川四天王」として有名な本多忠勝《ただかつ》は、主君に教えてもらったことを子孫に書き残している。その『本多平八郎忠勝聞書』を意訳して紹介しよう。

「私は、若年から家康公のお側に仕え、幸い気に入られてずっと勤めていたので、まったく学問をする暇がなかった。ただ、文盲であるけれど、不断に主君の金言を聞いてきた。だから家を整え、国を治めることは、少しは心得ているつもりだ」

　そう述べ、家康の教訓を次のように書き留めている。

「家康公は、人は天道（天地自然の摂理で至高の存在）に従って生きることが大事だとおっ

しゃった。天道は、われを生かしてこのような立場にしてくれているのだから、それをおろそかにしては天罰があたる。

また、よい部下を選べとも言われた。よいとは心がよいことで、男ぶりではない。物言少なく、心正直にして、主人のためを第一に考えて諫言《かんげん》する、それが最上の者である。さらに、気に入らないことでも家臣の『異見』（異なる意見）は聞くようにしろ。そうしなければ、次第に人が離れ、自分一人きりになり、家は没落してしまうだろうとおっしゃった。

家康公は、己《おのれ》一個の我を立てないようにしろといさめてくださった。たとえ、お前が中国の聖人君子・堯舜《ぎょうしゅん》のような知恵を持っていても、自分の心を恃《たの》んではならない。大国を治める者は一人ですべてを見聞できるわけではない。だから正直なものを五人、十人と目付にして統治しろと言われた。

大名が高禄を取っているのは、身を楽にするためではない。上に立つ者は、国を守り、民百姓を安んじさせるために存在すると語られた」

このように家康は、近侍する重臣に常日頃から教訓を垂れていたのである。

さらに家康は忠勝に、「本を読むことは身を正しくするためで、心ここにあらずの状態で読んでも何の役にもたたない。一文を読んでは心に刻み、一言聞いてはそのまま実行に移すつもりで読みなさい」と読書の方法まで教えている。

重臣に対してさえこんなふうだから、跡継ぎの秀忠は、さらに家康から細々と教えを受けていたに違いない。

こんな話がある。

大坂夏の陣のとき、家康は河内星田に本陣を敷き、秀忠は砂の地を陣とした。決戦直前、家康の陣中で、謀反をたくらむ大名があるという風説が流れた。これを耳にした家康は、にわかに立ち上がって「そんな不届き者がいるのに、このわしが気づかぬはずがあろうか！」と叫び、周囲を睨みまわした。

ほぼ同時刻、秀忠の陣中でも同様の噂が流れた。すると、なんと秀忠も急に立ち上がり、家康とまったく同じ言葉を吐いたのである。

「さすがは親子なり！」

そう徳川の家臣たちは感激したというが、これは、秀忠の努力の賜物だった。

繰り返しになるが、関ヶ原合戦に遅参した秀忠を、譜代や諸大名は「凡庸な二代目」と心の底では軽んじていた。もちろん秀忠もそれはわかっていた。だからこそ、実父の家康を神のようにあがめ、その行動様式を徹底的に学ぶ努力を続けてきたのだ。この逸話が、それを物語っていよう。

だが、こうした秀忠の涙ぐましい努力を、家康が認識していたかどうかはわからない。

家康はまた、有能な武将を選んで秀忠につけた。立派な跡継ぎにしようという親心だ。

その一人が、立花宗茂《たちばなむねしげ》である。宗茂は不敗の名将として知られ、大友義鎮《おおともよししげ》の家来だったが、九州平定で島津の大軍を引きつけて孤軍奮闘したことで豊臣秀吉から独立大名に抜擢され、柳川の地を与えられた。

さらに、朝鮮出兵でも明《みん》の大軍を食い止める働きを見せ、名将として名を高めた。関ヶ原合戦では、西軍に属して東軍の大津城を攻め落としたが、西軍が敗れると改易《かいえき》され浪人となった。

しかし、執拗に失地回復を家康に働きかけたので、ついに改易から六年後、家康は宗茂を登用することに決めた。そして、側近の本多正信《ほんだまさのぶ》に対し、「秀忠は年若なので、律儀にして戦功を上げた者を相談相手にしたい」と述べ、宗茂を秀忠に付属させたのである。

家康亡き後に見せた意外な豹変ぶり

生前に後継者を決める経営者は少なくないが、家康は後継者のそのまた後継者まで決めてから、翌年に死去している。それが孫の家光である。

しかも、これは将軍秀忠の意向とは異なっていた。秀忠は、妻の江《ごう》が寵愛する国松《くにまつ》（長兄家光の弟。のちの徳川忠長《ただなが》）に家督を譲るつもりでいた。自分も兄の秀康を飛び越して将軍になったので、問題ないと判断したのだろう。

だが、あるとき前途を悲観した家光が自殺未遂を起こすと、乳母の春日局《かすがのつぼね》が駿府まで出向いて家康に「家光を将軍にしてほしい」と直訴したのだ。すると家康はわざわざ江戸城まで赴いて、秀忠に対し「家光が十六歳になったら、彼を連れて上洛し、三代将軍にするつもりだ」と述べたという。あるいは、秀忠夫妻に「お前たち二人が家光を嫌い、国松に家督を継がせようとするなら、私は駿府に家光を招いてわが子となし、三代将軍とする」と伝えたという説もある。

家康としては今後、徳川将軍家の家督争いを防ぐため、長子相続の原則を確立すべきだと考えたのかもしれない。もちろん、ここまで口出しする家康を疎《うと》ましく思ったはずだが、秀忠は言うとおりにした。

元和二年（一六一六）一月、家康は鷹狩りを楽しんだ帰り道、鯛の天ぷらを食べて体調を崩して床に伏せるようになった。自分で調合した薬を飲んでも一向に回復しなかった。おそらく胃癌の可能性が高い。

もはや死を免れないと思った家康は、見舞いに来た大名たちに「秀忠の政治が道理にかなわず、民が苦しむことがあれば、その地位に取って代わってかまわない。なぜなら天下は一人の天下にあらず、天下は天下の天下なりというからだ。私は決して恨まない」と伝えた。その後も同じようなことを、何度も大名たちに言うようになった。

一方で、強大な外様大名の加賀の前田利常《まえだとしつね》、薩摩の島津家久《しまづいえひさ》、仙台の伊達政宗の三名を病床に呼び出し、「もし騒乱が起こったとき、北陸は利常、西国は家久、東北は政宗にその鎮撫を任せる」と伝えた。さらに亡くなる三日前、広島城主の福島正則《ふくしままさのり》に「将軍秀忠に伝えたので、国元に帰りなさい。三年ぐらい滞在するがよい。ただ、秀忠に対して遺恨があれば挙兵するのは自由である」と述べた。

このように家康は自分の死後、秀忠の政治が悪ければ倒してよいと言ったが、せっかく苦労して手に入れた天下。その永続を願わぬはずはない。つまり、この言葉は家康の本心ではない。むしろ心中はその逆で、外様大名たちが反乱を起こすのではないかと不安に思い、さかんに牽制につとめていたのだと思う。

また家康は、義直《よしなお》、頼宣《よりのぶ》、頼房《よりふさ》の三子を枕元に招き、「お前たちは将軍秀忠を天とも父とも思い、その命に違うことがあってはならぬ」と一族の結束を訴えた。

さらに秀忠本人にも、「加藤嘉明《かとうよしあきら》は秀吉の股肱《ここう》の臣だが、秀吉存命中から自分に心を寄せていた。篤実な性格だから粗相がなければ、長く目をかけてやれ。とはいえ、彼は少しのことでも気にして不満に思うクセがある。そこは気をつけたほうがよい」と忠告した。

対して秀忠は「嘉明は小心なので謀反などできますまい」と言うと、家康は「それは違う。周りの者が彼を奉じるかもしれない。心を許してはならぬ」と諭したという。この逸話からも、家康が自分の死後、反乱が起こるのを恐れていることがわかる。

ただ、家康が秀忠に「自分が死んだらどうなるか」と尋ねたさい、「天下は乱るる」と即答したので、大乱に備える覚悟ができていることを知り、家康は「ざっと済みたり」（よくわかっているので、もう言う必要はない）と安堵の表情を見せたという。

豊臣秀吉ほどではないが、家康もこの世を去るにあたり、徳川の世が続くかどうか心配で仕方なかったのだ。生前、死んだら自分を神として日光山に祀るよう遺言したのも、徳川家の行く末が不安だったからだろう。

だが、その心配は杞憂に終わった。

秀忠は家康が死ぬと、にわかに豹変し、武家諸法度を楯に家康の側近であった本多正純や弟の松平忠輝《まつだいらただてる》、外様の福島正則などを立て続けに改易し、「凡庸な二代目」とタカをくくっていた諸大名を震え上がらせた。

さらに、禁中並公家諸法度を楯に、後水尾《ごみずのお》天皇が許可した紫衣（高僧が身につける紫の衣）を無効とし、幕府の上位を朝廷に見せつけた。このように家康の遺産を用いて、秀忠は将軍の権威を高めたのだ。

そういった意味では、家康は見事に事業承継に成功したのである。

徳川15代将軍

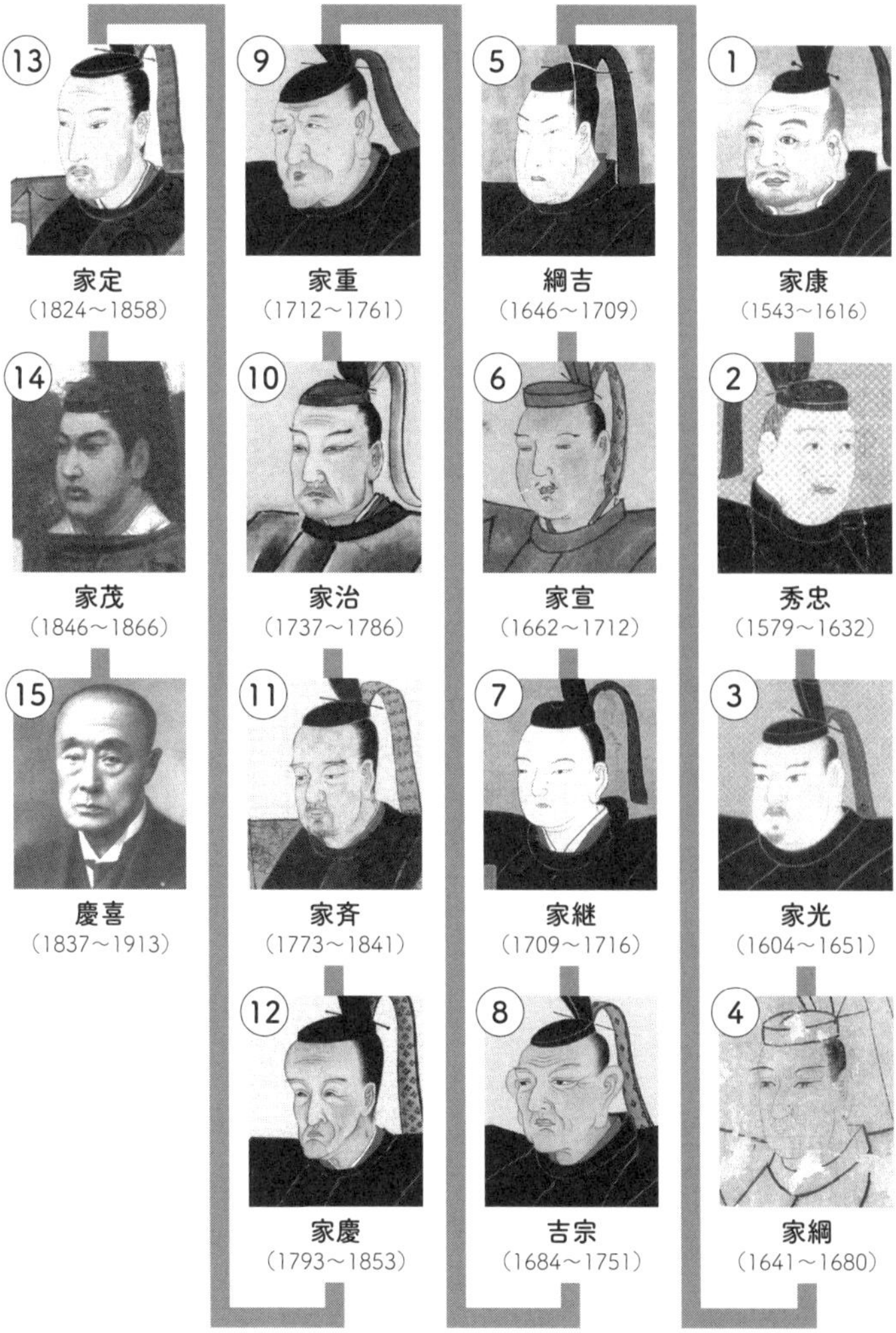

1 家康 (1543〜1616)
2 秀忠 (1579〜1632)
3 家光 (1604〜1651)
4 家綱 (1641〜1680)
5 綱吉 (1646〜1709)
6 家宣 (1662〜1712)
7 家継 (1709〜1716)
8 吉宗 (1684〜1751)
9 家重 (1712〜1761)
10 家治 (1737〜1786)
11 家斉 (1773〜1841)
12 家慶 (1793〜1853)
13 家定 (1824〜1858)
14 家茂 (1846〜1866)
15 慶喜 (1837〜1913)

豊《とよ》臣《とみ》秀《ひで》吉《よし》

天下人、太閤

1537年～1598年

息子への溺愛が奪い去った お家安泰の「最適解」

家系図

木下弥右衛門 ＝ 大政所（なか）

智 ＝ 三好吉房

　秀次　秀勝　秀保

ねね ＝ 秀吉 ＝ 淀殿

　鶴松　秀頼

河合先生の　ここがポイント！

足軽の家に生まれた豊臣秀吉は、織田信長《おだのぶなが》のもとでたびたび武功を上げ、やがて長浜城主となった。足軽から城持ち大名へと、驚くべき出世である。

この頃から側室を多く抱えるようになるが、彼女たちが秀吉の子を産むことはなかった。天正13年（1585)、秀吉は関白に叙され、朝廷の威光を背景に豊臣政権を樹立した。だが、相変わらず子に恵まれず、姉の子や気に入った大名の子を、次々と養子にしていった。

ところが天正17年（1589)、側室の淀殿《よどどの》が鶴松《つるまつ》を生んだのだ。狂喜した秀吉だったが、鶴松は2年後に夭折、仕方なく秀吉は甥の秀次《ひでつぐ》を後継者とした。しかし文禄2年（1593)、再び淀殿が秀頼《ひでより》をもうけた。

すると秀吉は、秀頼を後継者にしようと秀次に謀反の罪を着せて切腹させた。が、自分も3年後に死去し、豊臣家は家康に天下を奪われたうえ、滅ぼされてしまうのだ。

鶴松へ異常な愛情を注ぐ五十三歳の父

長年、実子に恵まれなかっただけに、わが子に対する秀吉の愛情は深かった。というより、異常だった。

たとえば、淀殿が秀吉の最初の子を妊娠した天正十七年（一五八九）、京都の聚楽第《じゅらくだい》（秀吉の邸宅）の門に貼りつけた落書きが見つかった。落書きの文言は記録に残っていないが、どうやら「淀殿の子の父親は秀吉ではない。多くの側室がいながら、これまで子供に恵まれなかったのに、急に子ができるのは怪しい」といった類いの内容だったようだ。

すると秀吉は、門番をしていた十七人の武士の落ち度を責め、彼らの鼻と耳をそぎ落としたうえで磔《はりつけ》に処したのである。尋常な怒りではない。

やがて、落書きの犯人たちが大坂天満の本願寺に逃げ込んだことが判明する。秀吉は本願寺の門主・顕如《けんにょ》に彼らの引き渡しを命じ、自分自身も大坂へ乗り込んで行った。仕方なく顕如は、関係者の尾藤道休《びとうどうきゅう》を処刑し、その首を差し出した。

だが、それでも怒りが収まらない秀吉は、犯人をかばった僧侶数人を捕えて殺害。さらに道休が住んでいた家を町ごと焼き払い、近隣の人々を連行して六十人以上を六条河原で処刑したのである。犠牲者のなかには八十歳を超える老人や七歳に満たない子供もいた。

その後も逮捕者が続き、最終的に百十三人がこの事件で命を落とした。たかが落書きなのに完全に常軌を逸している。ひょっとしたら、淀殿の腹にいる子が本当にわが子かどうか不安があり、そこを指摘されたことで怒りが爆発したのかもしれない。

生まれた子は男児であり、鶴松（棄《すて》）と名づけられたが、このとき秀吉はすでに五十三歳だった。だから鶴松を孫のように溺愛した。翌天正十八年（一五九〇）、小田原平定のため秀吉は遠征に出向いたが、京都に凱旋するとすぐに淀殿に手紙を出している。

そこには「鶴松は大きくなったたか。身体を冷やさないようにしてやれ。近くそちらに行くので家族三人で一緒に寝よう」と記されている。鶴松が二歳の頃には踊りの師匠をつけ、英才教育をしている。

だが、この子は病弱だったようで、翌十九年正月に病にかかり、いったん回復したものの夏に再び病になった。秀吉は諸社寺に祈禱させたものの、その甲斐なく八月五日に三歳で亡くなってしまった。秀吉は悲しみのあまり、翌日、髻《もとどり》（頭のてっぺんで束ねた髪）を切ってしまった。これを見た多くの大名たちも、同じく髻を切って喪に服した。

力を落とした秀吉は、京都を離れて有馬温泉で傷心を癒やしたが、政治に対する意欲も失せたのか、関白職を豊臣秀次に譲ってしまった。

〝跡継ぎ〟となる甥に寄せた深い愛情

秀次は永禄十一年（一五六八）、三好吉房《みよしよしふさ》と秀吉の姉・智《とも》の子として生まれたが、のちに叔父の秀吉の養子となった。天正十二年（一五八四）には長久手の戦いで大将として三河へ進攻するが、徳川軍に大敗を喫し、秀吉の叱責を受けた。翌年には近江国などに四十三万石を貰い、八幡山に城を構えた。天正十八年（一五九〇）、小田原攻めの先陣として伊豆国の山中城を攻略した功で、尾張国と北伊勢五郡を与えられ、清洲城主となった。この翌年には、秀吉の命で徳川家康とともに奥州一揆を鎮圧する。

なお、秀吉には多くの養子がおり、秀次もそのなかの一人にすぎなかった。ところが秀吉は鶴松の死後、もはや実子は望めぬと考え、甥の秀次を内大臣に抜擢、さらに関白職を委譲したのである。二十四歳という若き関白の誕生であった。このとき聚楽第も秀次に譲られ、秀次はここを拠点として政務をとることになった。

豊臣の家督を譲るにあたって、秀吉は秀次に五カ条の教訓状を与えた。

以下、意訳して紹介しよう。

「国が静謐《せいひつ》になったといっても、軍事に油断なく、武器や兵糧を整えておけ。私がおこなったように、出陣するにあたっては兵糧を出して長陣を覚悟するようにしろ。法律をしっかり定め、背く者があれば依怙贔屓《えこひいき》せずに糾明し、兄弟や親族であっても成敗《せいばい》しろ。朝廷を敬い、奉公をつくせ。奉行は能力によって選び、人材を大切にせよ。武将が戦いなどで亡くなった場合、必ず跡目を立ててやること。ただ、跡継ぎが十歳以下のときは、名代を出させなさい。子供がいなければ兄弟に家督を継がせよ。茶の湯、鷹狩り、女遊びに熱中してはいけない。私がやっているからといって真似はするな。ただし、茶の湯は慰みでもあるので、茶会を開いて人を招くのはかまわない。鷹狩りは鳶鷹《とんびたか》や鶉鷹《うずらたか》などを使ってたしなむ程度ならよい。召し使う女は屋敷のなかに置きなさい。五人でも十人でもかまわない。ただ、外でみだりに女狂いはするな」

甥への愛情がにじみ出ていて微笑ましい。

こうして秀次に関白を譲った秀吉は、隠居の城として伏見城をつくり始めるが、この頃には意欲を回復し、朝鮮出兵を断行、その指揮をとるようになった。

文禄二年（一五九三）五月、秀吉は再び淀殿が妊娠したことを正室のねねから手紙で知らされた。それに対して秀吉はねねに「淀殿が懐妊したとのこと、めでたいことである。ただ、私は子供を欲しいとは思わない。私の子は鶴松だけだったが、もう遠くへ行ってしまった。だから今度生まれてくる子は、淀殿だけの子である」と返信している。

正室への遠慮もあったのだろう、あえて喜びを抑えているが、五十代後半になっての側室の懐妊の知らせが、うれしくないはずはなかろう。しかも、八月に生まれた子は男児であった。そう、のちの豊臣秀頼（拾《ひろい》）である。

秀吉は淀殿に宛てて「秀頼に乳をたくさん飲ませなさいね。あなたも母乳がよく出るように、飯をたくさん食べなさい」と記し、また別の手紙では、「秀頼はたくさん乳を飲んでいるか。なるべくたくさん乳を飲ませなさいね」などと書いている。

秀頼本人に宛てた手紙も紹介しよう。

「本当に愛おしい。やがてお前のもとに行って、口を吸ってあげたい。私の留守中に、他の人に口を吸わせてはだめだよ」

この手紙から、秀吉は、息子の秀頼に会うたびに接吻していたことがわかる。

五十七歳で誕生した子が、可愛くて仕方がなかったのである。

秀次一族殺害と豊臣家の滅亡

やがて秀吉は、どうしても秀頼を跡継ぎにしたいと考えるようになってしまう。そこで関白秀次に対して、日本全土を五つに分け、そのうち五分の一を秀頼に与えてほしいとか、秀頼を秀次の娘と結婚させ、その婿養子にしてほしいと言い始めたようだ。

当然、秀次は面白くないし、自分の権力をうばわれるのではないかと警戒もしたようだ。文禄四年（一五九五）七月三日、秀次のその予感は当たってしまう。突然、自身が住む聚楽第に石田三成《いしだみつなり》ら秀吉の奉行がやって来て、謀反計画の有無を問いただしてきたのだ。

驚いた秀次はこれを否定し、誓紙を差し出して無実を主張した。それから五日後、秀次は秀吉のいる伏見城に来るように言われた。そこで、仕方なく出向いたところ、城内ではなく城下の木下吉隆《きのしたよしたか》の屋敷に案内された。そして秀吉から「高野山へ登れ」と命じられたのである。罪を犯しても高野山に入ることで、すべて許されるという慣行があった。

身に覚えはなかったが、秀次は秀吉に逆らわずおとなしく高野山に入った。しかし、それを追いかけるように、福島正則《ふくしままさのり》ら使いの者が現れ、秀次に切腹を命じたのだ。こうして秀次は、自刃して果てた。

一説には、秀次が抗議の意味を込めて、勝手に腹を切ったともいわれる。


ところで、本当に秀次は謀反を企てたのだろうか。

通説ではでっち上げだといわれるが、謀反の可能性もゼロではない。ただ、世に喧伝されているように、殺生禁断の地で鹿狩りをおこなったり、多くの人間を試し斬りしたというのは、のちに秀吉や豊臣政権が捏造した逸話だと思われる。

ともあれ、通説どおりなら、我が子に政権を譲るために、じゃまになった甥の秀次に罪を着せて抹殺したわけで、なんとも身勝手なことである。

さらに悲惨だったのは、約四十名に及ぶ秀次の妻妾《さいしょう》とその子供たちだった。秀次の死後、彼女たちは聚楽第から三条河原に引き出された。河原には刑場が設けられたが、なんと塚の上には、秀次の生首が置かれていたのである。その首の前で、処刑人たちは泣き叫ぶ子供を母親から引き離し、容赦なく心臓に刃を突き立て、続いて女たちを屠《ほふ》り去っていった。あたかも地獄絵を見るようであった。

そして大きな穴を掘り、遺体をすべて穴へ放り込んだ。慈悲の心がみじんも感じられない残虐な所業である。

こうして主がいなくなった壮麗な聚楽第は、あれほど金をかけ贅を尽くして建てたのに、秀吉の破壊命令によって建築物もすべて撤去され、立派な石垣は完全に崩され、七メートルの深い堀も埋められ、何もない更地《さらち》になってしまった。

秀吉は、それから三年後に六十二歳で死去した。

跡継ぎの秀頼はまだ六歳だったので、本人が政務をとれるはずはない。それは秀吉も重々わかっていたので、死ぬ間際、秀吉は徳川家康など五人の有力大名（五大老）を枕元に呼び寄せた。そして「秀頼事、たのみ申し候。五人の衆たのみ申し上げ候（略）いさい五人の者に申しわたし候。なごりおしく候。以上。秀頼事、成りたち候やうに、この書付の衆として、たのみ申し候。なに事も、此のほかには、おもひのこす事なく候」と書いた遺言状を与えたのだ。

また、自分の死後について秀吉は、秀頼が成人するまで信頼する五大老と五奉行に合議制をおこなわせようとしたといわれている。なお、近年は家康を天下人とし、秀頼が成人したのちに、天下を豊臣に返すという約束が成立していたという説がある。

ただ、そんな遺言は守られるはずはなく、秀吉が亡くなるとすぐに豊臣政権は分裂し、やがて家康が武力で強引に天下を奪い、その後、秀吉最愛の息子である秀頼を死に追いやり、豊臣家を滅ぼしたのである。

もし秀吉が、秀次とその一族の処刑を思いとどまっていれば、関白秀次が立派に後継者として成長し、豊臣政権は盤石になった可能性もある。そうなれば、家康が天下を握る機会は訪れなかっただろう。

秀吉はわが子を深く愛したように見えるが、それは単なる自己愛、利己心であり、それが秀頼を死に追いやり、豊臣家を滅亡させたのである。

第2章

親子の情愛よりも大切なお家存続のための「現実主義思考」

▶細川忠興
（1563〜1646）

▶九鬼嘉隆
（1542〜1600）

▶伊達政宗
（1567〜1636）

細《ほそ》川《かわ》忠《ただ》興《おき》

戦国武将、初代小倉藩主
1563〜1646

息子、友人、家臣も切り捨てる冷酷な「お家中心主義」

家系図

細川藤孝 ― 忠興
明智光秀 ― ガラシャ
忠興 ＝ ガラシャ
子：忠隆、興秋、忠利

河合先生の ここがポイント！

細川忠興は、織田信長の助けを借りて足利義昭《よしあき》を将軍にした細川藤孝《ふじたか》の嫡男である。

将軍義昭が京都を追放されたあと、父とともに信長に従って戦い、やがて信長の仲介で明智光秀《あけちみつひで》の娘・玉《たま》子《こ》（ガラシャ）と結婚した。だが天正10年（1582）に本能寺で信長を倒した義父・光秀には与《くみ》せず、妻と離縁して羽柴秀吉についた。

秀吉が死ぬと、いち早く家康に近づき、関ヶ原合戦では長男・忠隆《ただたか》とともに戦功を挙げ、丹後と豊後臼杵《うすき》18万石から豊前国中津・豊後杵築《きつき》合わせて39万9000石の大大名に成り上がった。

ところがこの直後、にわかに忠隆を廃嫡し、次男・興秋《おきあき》ではなく、三男の忠利《ただとし》を嫡男としたのである。

そこには、細川家生き残りのための、驚くべき戦略が隠されていた。

細川家を残すためなら友も裏切る

本能寺の変後、義父の光秀から細川忠興のもとに「味方してほしい」と盛んに誘いがかかった。なんと光秀は、忠興とその父・藤孝に対し、摂津・但馬・若狭の三国の分与を提示したといわれる。さらに「畿内を平定したあかつきには、わが子とお前に政治を任せるつもりだ」と権力の譲与すら約束した。

なのに忠興は、妻の玉子を山中に幽閉したうえ、頭を丸めて出家してしまった。計画性のない謀反で天下を奪った光秀など自滅だろうと確信、悪縁をスパッと絶ち切ったのである。そして、秀吉が中国地方から引き返してくると、いち早く「あなたに味方する」と記した誓約書を差し入れた。

もちろん忠興も人間だから、読み間違えることもあった。忠興は、関白の豊臣秀次と懇意にしていた。彼が秀吉の後継者だったので、必要以上に接近したのだろう。ところが秀次は、第1章で述べたとおり秀吉の怒りに触れて突然失脚する。

このとき忠興はどう行動したのか。

昵懇《じっこん》にしていた秀次のために、秀吉に弁明したのだろうか。

答えは「否」である。ただちに金をかき集めて莫大な借金を秀次に返済すると、太閤秀吉のもとに出向き、「私は秀次との関係を一切絶ちました」と身の潔白を告げたのだ。

「なんと、えげつないやつだ」と思うかもしれない。だが、細川家を残すためにはプライドなど捨てる。それが、忠興のやり方だった。ともあれ先を読み誤ったなら、ためらわずに軌道修正する。そうした行動力、勇気、冷徹さは見上げたものである。

忠興は、秀吉の存命中から家康に将来性を見出し、交際を深めていった。

こんな話がある。

秀吉の死後、忠興は友人の前田利長《まえだとしなが》から「私は石田三成《いしだみつなり》らとはかって家康を暗殺するつもりだ。ぜひ手伝ってほしい」と打ち明けられた。

家康派の忠興のことだから、ふつうなら極力その計画をいさめるはず。ところが忠興は即座に賛成し、くわしい内容を利長から聞き出すと、その足で家康の屋敷へ駆けこみ、すべてを本人に伝えたのである。

家康は忠興に大いに感謝したというが、忠興のすごさはそこからであった。

翌日、利長のもとへ行き、「昨日、おまえたちの暗殺計画を家康に話してしまったぜ」

と告白、「まさか冗談だろう」と焦る利長に対し、家康の将来性を説き、実行を中止させたという。

じつは忠興は、長男の忠隆《ただたか》を利長の妹・千代と結婚させていた。ゆえに、利長が事を起こせば、細川家に火の粉が降りかかるかもしれない。それを避けようとしたのだ。実際、事件発覚から二カ月後、忠興は家康に対して二心がないことを約束する誓約書を提出し、三男の忠利を人質として江戸へ送っている。

父の活躍とうらはらの息子の廃嫡

慶長五年（一六〇〇）六月、豊臣政権の五大老・徳川家康は、謀反を企んだとして上杉《うえすぎ》景勝《かげかつ》を倒すべく、上方から上杉の本拠地である会津へ向かった。このおり忠興は、家康と行動をともにした。

ところが七月、石田三成や毛利輝元《もうりてるもと》が大坂城の豊臣秀頼《ひでより》を奉じて挙兵したのである。これを知った家康は、反転して軍勢を西上させた。

このとき忠興の父・藤孝は、忠興が留守にしていた丹後国田辺城を守っていた。そこに三成が、一万五千の大軍をさしむけてきたのだ。この城を奪っておかないと、西軍（反徳川軍）が伊勢・美濃一帯に兵をくり出しても、背後から襲撃される心配があったからだ。

城には老兵と雑兵合わせて五百人しかいなかった。ふつうなら降伏しか選択肢はないはず。けれど藤孝は、死ぬ覚悟で抗戦を決意する。それは、息子の忠興のため、細川家のためであった。そして少人数でよく防戦につとめ、ひと月以上も敵の侵入を許さなかった。

が、いよいよ落城が間近に迫ってくる。

すると藤孝は、所有している歌集などの貴重な文化財を、天皇や知り合いの公家に贈呈。八条宮智仁親王《はちじょうのみやとしひと》には、三条西実枝《さんじょうにしさねき》から授けられた『古今和歌集』の秘伝書を献上した。

藤孝は第一級の文化人だった。歌道に加え『源氏物語』の奥義も九条稙通《くじょうたねみち》から伝授されており、有職故実《ゆうそくこじつ》（朝廷の儀式や先例）や茶道、音曲、刀剣鑑定、料理など、あらゆる文芸に秀でていた。

ときの後陽成《ごようぜい》天皇や八条宮智仁親王は、偉大な文化人を失うことに心を痛め、勅使を田辺城へ遣わして藤孝に開城するよう説得。西軍にも藤孝が田辺城を開き、丹波の亀山城へ移るまで手を出さないと約束させた。

こうして九月十二日に、藤孝が田辺城を開け渡して戦いは終結したが、その三日後の関ヶ原合戦には、田辺城攻めに加わった西軍は間に合わなかった。だから家康は、戦後に藤孝と対面したとき、その行動を大いにほめたたえたという。

一方、忠興も関ヶ原で嫡男の忠隆とともに大功を挙げたので、豊前中津・豊後杵築合わせて三十九万九千石の大大名に抜擢されたのである。家康は忠隆に対し、「この度は父子で比類無く手柄を立てた」と感状を与えている。ところが、それからわずか三カ月も経たないうちに、忠興は忠隆を廃嫡してしまったのである。

いったい何が起こったというのだろうか。

跡継ぎ選びを左右したガラシャの死に方

天下分け目の合戦前、石田三成らは大坂城内に屋敷をかまえている東軍大名の妻子たちを人質に取ってしまおうと考えた。こうして西軍の兵士たちが、細川屋敷がある大坂城三の丸にやって来た。このとき忠興の正室・ガラシャは、人質になることを拒み、敵に捕まる前に家臣に命じて自分を殺害させたのである。キリスト教徒は自殺を許されていなかったからだ。

この行為に動揺した西軍方は、東軍大名の妻子を人質にすることを断念したという。

「ちりぬべき 時知りてこそ 世の中の 花も花なれ 人も人なれ」

これはガラシャの辞世の句で、このときまだ三十八歳だった。

おそらくガラシャは、お家第一の忠興の気持ちを察して、潔く命を投げ出したのだろう。ところが、同じ屋敷にいた忠隆の正室・千代は、命ほしさに逃亡したのである。先述のとおり、千代は前田利長の娘だ。かつて利長が家康の暗殺を企てたさい、じつは忠興は忠隆に対し、嫁の千代を離縁して実家へ返すよう勧めたことがあった。本能寺の変のとき、自分がガラシャと離縁したように、前田家と断交することで忠隆に細川家の潔白を証明してほしかったのだろう。

だが、忠隆は離婚しなかった。それが、今回の事態を出来《しゅったい》させたのである。

これから徳川の世になることは間違いない。ゆえに天下人家康の機嫌をそこねてはならない。そこで忠興は、細川家を存続させるため、忠隆を切り捨てたのである。

しかも、細川家の後継ぎには次男の興秋《おきあき》ではなく、三男の忠利《ただとし》をすえることにした。

長男忠隆、次男興秋、三男忠利は、すべて忠興とガラシャのあいだに生まれた子であった。ならば長幼の順から言って、興秋が後嗣になるべきだろう。

なのになぜ、このような決定を下したのだろうか。

別段、興秋が暗愚だったからではない。最大の理由は、忠利が秀忠（のちの二代将軍）のお気に入りだったからである。ただ、それだけのことだった。

お家（小倉藩）存続のためには、平然と家族を駒に使う。そうした冷たさを忠興は併せ持っていたわけだ。

だが、このような父の措置に不満をもった次男の興秋は、江戸に人質として赴く途中、出奔してしまった。すると忠興は、これに関与した家老を処刑。慶長十三年（一六〇八）には秀忠の養女（千代）を忠利の嫁に迎え、徳川家との関係をさらに強固にした。

こうして安泰に思えた細川家だったが、大坂冬の陣のさいに驚くべき事態が起こった。なんと次男の興秋が、豊臣家に味方して大坂城へ入ったのである。

忠興は驚愕するが、すぐさま江戸にいる息子の忠利に指示を発した。

忠利は、父の命に従って駿府にいる家康のもとに馳せ参じ、「自分を大坂城攻めの先駆けにしてほしい」と直訴したのである。

家康は「神妙のいたり」だと忠利をほめたたえた。この言葉によって、細川家はひとまず安泰を約束されたのだった。

大坂の陣が豊臣家の滅亡に終わり、幕府に敵対した細川興秋も捕縛された。このとき家康は、「これまでの細川家の忠節に免じ、興秋の死一等を減じる」と忠興に伝えた。が、忠興はこれを固辞し、わが子興秋に無理矢理腹を切らせて決着をはかった。

忠興はまた、家臣に対しても峻烈《しゅんれつ》であった。ある大名が、「細川家中の侍は皆、優秀な者ばかりだ」と忠興にほめたことがある。これに対して忠興は、「家臣には二度まで懇切丁寧に教えるが、三度目もできなければ斬り殺してしまうからでしょう」と平然と答えたという。

細川家の繁栄に危機をもたらした〝老害化〟

お家の将来のため、忠隆を廃嫡して三男・忠利を嫡男にすえた忠興だったが、なぜかいつまで経っても、忠利に家督を譲ろうとしなかった。死ぬまで権力を握り続けたいと思ったのかもしれない。

だが元和六年（一六二〇）、五十八歳の忠興は、持病が再発して江戸で危篤に陥ってしまう。幸い奇跡的に回復したが、さすがに観念したのか、翌年、忠利に当主の座を譲った。

剃髪《ていはつ》した忠興は三斎《さんさい》と称し、隠居料三万七千石を与えられ、中津城を拠点とするようになった。ただ、困ってしまったのは、本藩の小倉とは別個に、隠居の身で独立して政治をとり始めたことである。

じつはこれ、父の藤孝のやり方をまねたものだった。藤孝は、隠居した田辺城を拠点にして周辺の支配をおこない、末っ子の孝之に遺領を相続させている。こうした方法は、戦国時代は一般的だったという。だが、時代は大きく変わった。平和になった今、大名（当主）のもとに権力を一元化することが大事とされていたのだ。

ともあれ、小倉藩内に中津藩が独立して存在するようになってしまい、忠利は一円支配ができずにいた。このため藩内では、忠利派と忠興派がいがみ合う事態が生じつつあった。

寛永九年（一六三二）、細川家は改易された加藤忠広《かとうただひろ》（加藤清正《きよまさ》の息子）に代わって肥後一国五十四万石を与えられ、忠利は熊本城主となった。このおり、忠興は八代《やつしろ》を拠点として約九万四千石を隠居領として支配下に置いた。しかも忠利に何の相談もせずに、急に自分の家督を愛息・立允《りゅういん》に譲り、彼を将軍に拝謁させようと江戸へ出立させた。

そう、熊本藩から八代藩を分離・独立させようとしたのだ。驚いた忠利は忠興をどうにか説得し、幕府と交渉して独立騒動を鎮静化させた。

だが、騒動が落ち着いたわずか二年後の寛永十八年（一六四一）、なんと忠利が五十六歳で病没してしまったのだ。そこで嫡男の光尚《みつなお》が藩主となったものの、まだ二十二歳の若者だった。このため熊本藩士は、八代城の忠興・立允の動向を大いに警戒するようになった。疑心暗鬼に駆られた熊本藩の重臣たちは、新藩主・光尚に対し、「決して忠興には通じず、光尚に忠節を尽くす」という誓詞を提出する事態となった。

だが、それから四年後の正保二年（一六四五）、立允が死去してしまい、これにショックを受けたのか、忠興もその年に亡くなった。こうして細川家はお家騒動を免れたのである。

以上見てきたとおり、細川忠興は、お家を存続させるためなら、妻子でも犠牲にすることをいとわなかった。そこまでは、まことに見事な生きざまだったといえるが、晩年はなかなか権力を手放そうとせず、昔のしきたりに従って末子を独立させようと動いた。

父・藤孝の手法や己の成功体験だけに頼り、時代の先を読もうとしなかったことが、忠興を老害化させてしまったのかもしれない。とはいえ、忠興の死によって細川家は危機を回避できた。そして、その後は紆余曲折がありながら、一度の国替えもなく、明治維新を迎えたのである。ちなみに初代熊本藩主忠利（忠興の子）から数えて18代目の細川家当主は、首相をつとめた護熙《もりひろ》氏であった。

九鬼《くき》嘉《よし》隆《たか》

戦国武将、九鬼水軍リーダー
1542年～1600年

家系図

九鬼澄隆 —— 嘉隆
- 守隆
- 主殿助
- 五郎七
- 五郎八
- 五郎九郎

親子で東軍と西軍に分かれる究極の「ヘッジ戦略」

河合先生の ここがポイント！

天下分け目の関ヶ原合戦は、わずか数時間で東軍（徳川方）の勝利に帰した。

だから、はじめから家康が優勢だった印象を受ける。が、それはあくまで結果論であって、勝敗の行方はわからなかったし、当初は東西両軍が互角の状態にあった。だからこそ、真田親子のように多くの戦国大名が父子や兄弟で東西に分かれて、お家の存続をはかろうとしたのである。

伊勢志摩を本拠とした九鬼氏も、そうした大名家の1つだった。ただ、他のケースと大きく異なるのは、直接父子が戈《ほこ》を交えざるを得なかったことであろう。

戦国ならではの悲劇だが、九鬼嘉隆と息子の守隆がこの危機にどのように対処し、九鬼家の存続を図ろうとしたのだろうか。

一代で大名にのし上がった「日本水軍の総帥」

九鬼氏は志摩半島を拠点にしていた海賊だった。室町時代から次第に海賊衆の盟主的存在となり、室町幕府の守護大名と結びつきながら、力を伸ばしていった。

九鬼嘉隆の名が歴史上に現れるのは、天正二年（一五七四）に織田信長が伊勢長島の一向一揆を攻めたときだ。『信長公記《しんちょうこうき》』によれば、嘉隆は安宅船《あたけぶね》（大型の戦艦）を率いて織田方の水軍として戦っている。

もともと嘉隆は、九鬼一族では支流に位置していたようだが、信長と結びついて急速に勢力を膨張させた。策略をもって九鬼氏主流の甥・澄隆《すみたか》を滅ぼし、娘婿の鳥羽主水《とばもんど》を誅殺するなどして自分の家を本流に浮上させた。そういった意味では、典型的な戦国の梟雄《きょうゆう》といえる。

嘉隆が名を上げたのは、天正六年（一五七八）十一月の海戦だった。織田軍に包囲されている石山本願寺が毛利輝元《もうりてるもと》に救援を求めたため、毛利水軍約六百艘が食糧を本願寺に入れるべく来航したのだ。このとき九鬼水軍は、鉄船（鉄板で装甲した巨大な安宅船）わずか七隻で毛利水軍を撃退した。

この功績により嘉隆は七千石の加増を受け、志摩国三万五千石を有する大名となった。信長の死後は豊臣秀吉に仕え、豊臣水軍として紀州の根来《ねごろ》平定、九州平定、小田原平定などで活躍した。そして文禄の役（朝鮮出兵）でも、巨大な軍艦・日本丸を旗艦とする「日本水軍の総帥」として奮戦したのである。

慶長二年（一五九七）、五十五歳になった嘉隆は嫡男の守隆《もりたか》に家督を譲った。守隆は秀吉が没した後は、豊臣政権の最大実力者であった徳川家康に近づいた。慶長五年（一六〇〇）六月、家康が上杉景勝《うえすぎかげかつ》を討つため会津へ進発したさいにもつき従った。ところ翌月、石田三成《いしだみつなり》と大谷吉継《おおたによしつぐ》が反徳川の兵を挙げ、毛利輝元が大坂城に入り、秀頼や淀殿を制したのである。

このおり、隠居していた嘉隆のもとに石田三成ら西軍の使者が訪れ、味方するよう誘ってきた。このとき西軍が嘉隆に提示した条件は、「天下分け目の合戦に勝利した暁には、伊賀・伊勢・紀伊の三国を与える」というものであった。

家康から息子にくだった父の殺害命令

この頃、西軍は豊臣の三奉行が中心になって家康の行動を非難する「内府違《ないふちが》いの条々《じょうじょう》」を大名たちに送りつけ、西国大名の大半が西軍に従うようになっていた。

だが、当主の守隆や家臣たちは家康に従っている。だから嘉隆は、高齢を理由に西軍の誘いをいったん断った。しかし、それでも西軍は諦めなかった。

嘉隆の娘婿で、すでに西軍に加担を約束していた新宮《しんぐう》城主の堀内氏善《ほりうちうじよし》を送り込み、説得にあたったのである。ここにおいて嘉隆も西軍に投じる決意をした。

じつは嘉隆は、密かに徳川家康に憎しみを抱いていた。家康のせいで税収が減ってしまったからだ。

伊勢国田丸《たまる》(三重県度会郡)を支配する岩出《いわで》城主・稲葉道通《いなばみちとお》は、領地で切り出した木材を大坂方面へ海上運送していた。このおり九鬼氏の領する伊勢国の飛び地を通過するので、しぶしぶ嘉隆に通行税を支払っていた。

ところが、秀吉が死んで家康が豊臣政権を牛耳ると、道通は家康に通行税の免除を申請。

すると家康は、これを容認したのである。このため嘉隆は内心家康に怨みを持ち、稲葉道通のことを憎悪していた。だから、西軍への加担を決めると、嘉隆は最初に道通の居城である岩出城へ攻めかかった。

嘉隆の軍事行動を知った家康は、すぐに守隆を呼びつけ、「このたび、お前の父が石田三成と同心し、謀叛を起こしたそうだ。急ぎ鳥羽へ戻り、父の首をはねてこい」と厳命したのである。

守隆が弁解しようとすると、「すぐに出陣せよ」と述べて、座を立ってしまったという。こうして守隆は、仕方なく父の嘉隆を討つため、徳川遠征軍から離脱して領国へと戻ることになった。

この頃、すでに嘉隆は守隆の居城である鳥羽城を制圧し、占拠していた。城下に着陣した守隆は、西軍に味方する不利を説き、鳥羽城の引き渡しを求めた。

けれど嘉隆は、その要求を拒絶した。このため守隆は安乗村《あのりむら》に本陣を構え、鳥羽城を包囲した。一方で西軍に味方した桑名城主・氏家行広《うじいえゆきひろ》と海戦を繰り広げ、奪った首級十三を忠誠の証として家康のもとへおくった。

九月七日にこれを受け取った家康は喜び、「此度《こたび》の一番首である」と述べ、守隆に対し感状と進物を与えた。関ヶ原合戦は、その八日後のこと。つまり、この時点ではまだ天下分け目の合戦の行方はわからず、守隆への過分な褒賞は、九鬼氏を確実に味方に引き込んでおきたいという家康の意図だったと思われる。

とりあえず守隆も安堵したことだろう。

この間、守隆は父の嘉隆を説得し続けたが、投降しようとしなかった。このため、鳥羽城への攻撃を開始せざるを得なくなった。こうして、親子で戦うという悲劇が起こってしまったのである。

ダラダラと続いた親子のヤラセ合戦

とはいえ、父子での戦いはどうも真剣におこなわれた形跡がないのだ。とくに籠城している嘉隆軍に至っては、「弓をつがへど矢の根なし、鉄砲をうてども玉こまず、防ぐばかりと聞こえけり」と『志摩軍記』にあるように、守隆の陣中へ放った矢には矢尻をつけず、鉄砲は空砲を撃ったのである。

対して守隆のほうだが、その軍事行動は家康にしっかりと監視されていた。池田輝政《いけだてるまさ》（家康の婿）の家臣・石丸雲哲《いしまるうんてつ》が守隆のもとに派遣されていたのだ。そんな石丸という目付の手前、仕方なく実弾を使ったが、やはり、のんべんだらりとした攻撃をおこなった。

この様子を見ると、あきらかに嘉隆・守隆父子は何らかの手段で連絡を取り合い、わざと緩慢な戦いをして時間を稼ぎ、東海地方における東西両軍の形勢をうかがっていたと思われる。おそらく、天下分け目の合戦の結果によって去就を決め、お家を存続させようとしたのだろう。

こうして親子合戦は膠着《こうちゃく》状態のまま、日が過ぎていった。そして、九月十五日の関ヶ原合戦における西軍の敗退が伝えられるや、嘉隆はにわかに鳥羽城を脱したのである。

すでに鳥羽城は、完全に守隆軍によって包囲されていたはず。なのに、守隆はみすみす父を取り逃したわけだ。明らかに奇妙なことであり、これもヤラセの可能性が高い。

ともあれ、こうして守隆は鳥羽城を父から取り戻した。

さてその後、嘉隆は、娘婿の堀内氏善《ほりうちうじよし》がこもる新宮《しんぐう》城（和歌山県新宮市）へ逃れようとした。ところが同城は、すでに東軍の桑山一晴《くわやまかずはる》によって攻略されてしまっていた。このため踵《きびす》を返して志摩国へ戻り、答志島《とうしじま》へ隠れ潜んだ。

ところが守隆は、父が答志島にいることを突き止めながら、あえて同島を攻撃をしなかったのである。

さて、家臣団の再統一を果たした九鬼守隆は、その後、伏見城にいる家康のもとにはせ参じた。まもなく関ヶ原合戦の論功行賞がおこなわれ、守隆には新たに南伊勢五郡二万石が加増され、合わせて五万五千石の石高を有することになった。ただ、このおり守隆は、国元の事情を話して父親の免罪を家康に懇願した。

ところが、家康はこれを許さず、むしろ守隆に嘉隆の捕縛を命じたのである。

何としても父の命を救いたいと悩んだ守隆は、さらに後日、家康に「加増分の二万石は返上しますので、なにとぞ父をお許しください」と哀願した。このとき東軍の先鋒として活躍した福島正則と池田輝政も、家康に嘉隆の免罪を願い出た。守隆が彼らに助力を願ったのだろう。そこで、家康もとうとう守隆の願いを聞き入れ、嘉隆に対して赦免状を発行したのだった。

悲劇的な最期によって救われた九鬼家の命運

喜んだ守隆は、ただちに使者にその赦免状を持たせて嘉隆のもとへ送った。

だが、すでにこのとき、嘉隆はこの世の人ではなかった。

嘉隆は戦後、剃髪《ていはつ》して答志島の潮音寺《ちょうおんじ》に蟄居《ちっきょ》していたが、寺を訪れた家臣の豊田《とよた》（戸井《とい》田《た》）五郎右衛門《ごろううえもん》から、家康が嘉隆を許すつもりがないことを聞かされた。

『鳥羽誌』によれば、この五郎右衛門はかつて嘉隆によって追放された家臣で、恨みを晴らそうと嘉隆に「自分は守隆の使いである」と称して虚言を吐いたのだという。

だが、この逸話は事実だとは思えない。おそらく嘉隆は五郎右衛門を上方に派遣し、情報収集させていたのではないだろうか。そして、きっと五郎右衛門は、「家康があなたを許さないと公言した」という古い情報を伝えてしまったのであろう。

しかも、このおり五郎右衛門は、お家安泰のため、自らの判断で嘉隆に自害を勧めたのではなかろうか。

「それが一番である」と嘉隆も覚悟を決めた。かくして慶長五年（一六〇〇）十月十二日、嘉隆は潮音寺の末寺・洞仙庵《とうせんあん》に入り、切腹して果てたのだった。介錯《かいしゃく》は、娘婿の青山豊前《あおやまぶぜんの》守《かみ》がおこなったと伝えられる。

青山豊前守は、嘉隆の首級を奉持して伏見へ向かったが、皮肉なことに伊勢国の明星茶《みょうじょうちゃ》屋《や》で休息しているところ、赦免状を持参した守隆の使者に行き会った。

その後、父親の亡骸《なきがら》と対面した守隆は大いに嘆き、嘉隆に切腹を勧めた豊田五郎右衛門を捕らえて竹鋸引きの刑に処したという。

なお、守隆を裏切って父の嘉隆と行動をともにした四人の息子（主殿助《とのものすけ》、五郎七、五郎八、五郎九郎）がいた。そのうち五郎七は、嘉隆の死の翌日にやはり自刃している。五郎八も十月十五日に答志島で自殺、主殿助も浦村（三重県鳥羽市浦村町）で自害して果てた。五郎九郎だけは僧侶となって朝熊（三重県伊勢市）の金剛證寺《こんごうしょうじ》に入り、父兄の菩提を弔い、後年は裕慶と名乗って同寺の住職とつとめた。

このように天下分け目の合戦において、九鬼一族は敵味方に分かれ、最後は片方が自刃するという悲劇に見舞われたが、嘉隆と守隆の弟たちが潔く責任をとったことで、家康の心証はますますよくなり、九鬼家は安泰となったのである。

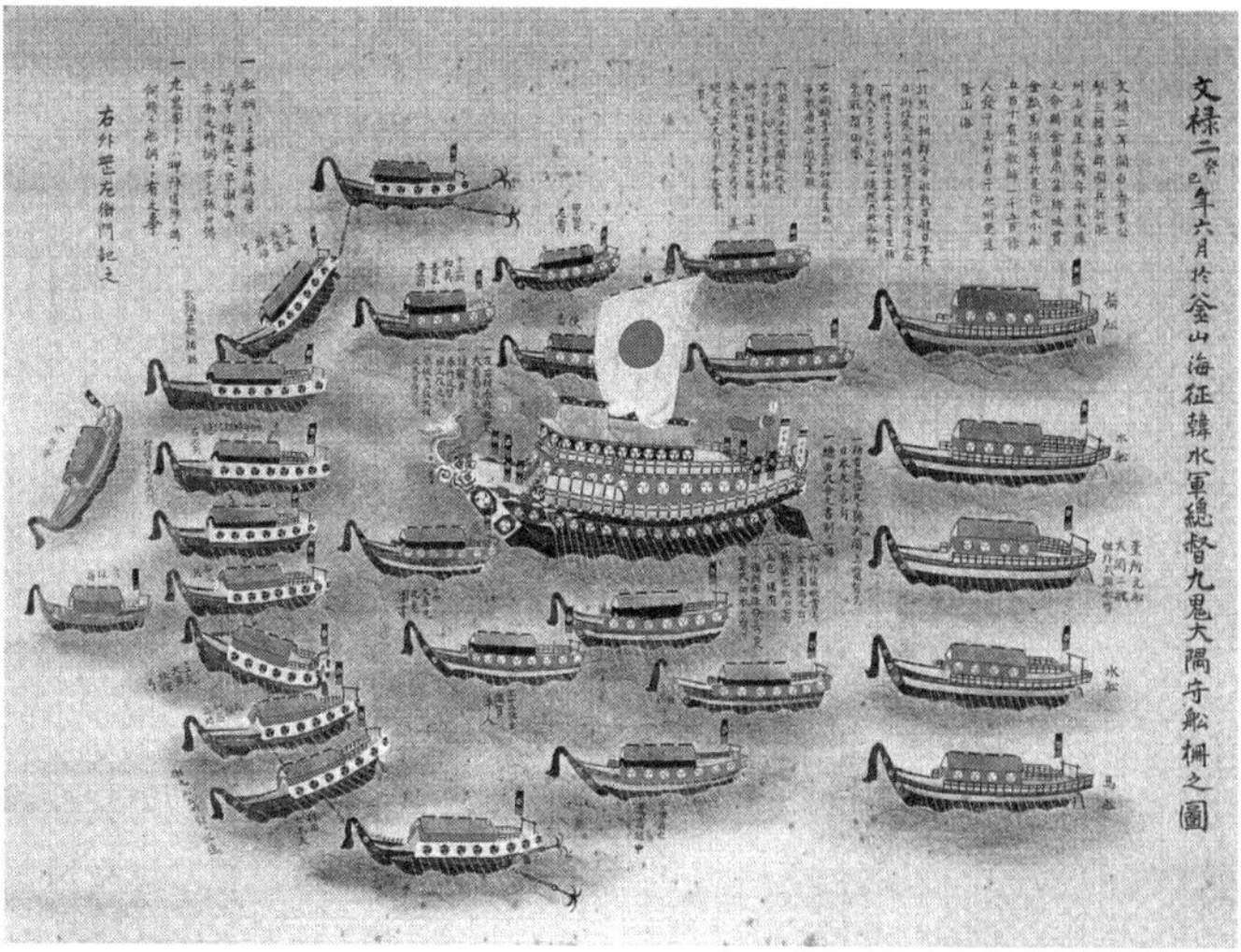

文禄2年（1593）、九鬼嘉隆は秀吉の命に従い朝鮮征伐（文禄の役）に出陣した。これは釜山沖に現れた「日本水軍の総帥」嘉隆率いる九鬼水軍の様子。

『「いき」の構造』などで知られる九鬼周造（1888〜1941）は、九鬼嘉隆の末裔である。実存主義などハイデガーの思想を中心に、西洋哲学を日本に広めた。

伊達《だて》政宗《まさむね》

戦国・江戸時代の武将 仙台藩初代藩主
1567年〜1636年

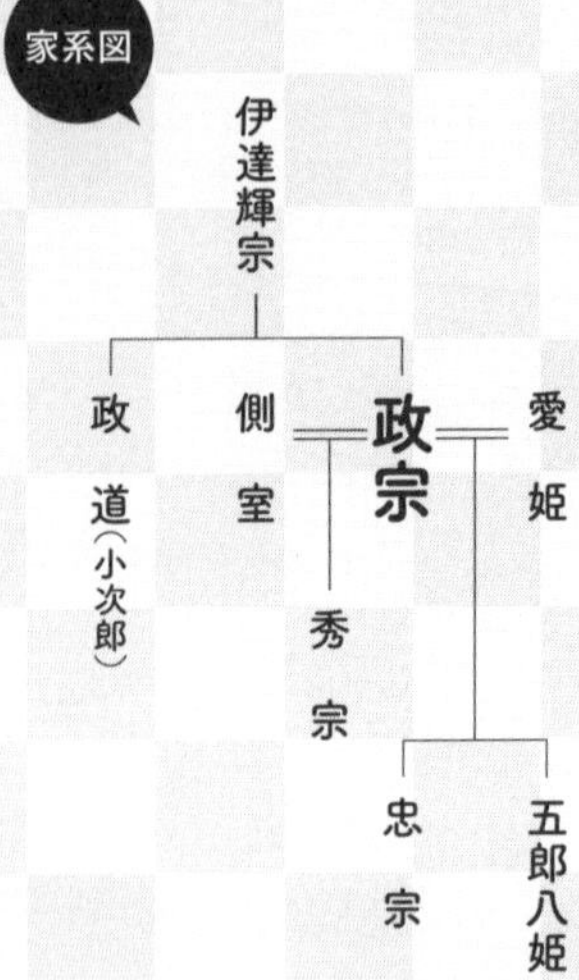

疑惑の勘当劇が生んだ もう一つの「伊達騒動」

河合先生の ここがポイント！

米沢（山形県）城主、伊達輝宗《だててるむね》の子として生まれた政宗は、18歳で家督を継ぎ、わずか24歳で奥州の過半（福島・宮城両県・岩手県南部）を手に入れた。

天正18年（1590）、小田原攻めをする豊臣秀吉のもとに参陣して臣従を誓ったが、遅参したこともあり、会津の地を没収され、翌年、奥州の一揆を先導した疑いで転封された。

この年、政宗は初めて男児に恵まれる。それが秀宗《ひでむね》である。当初、政宗は秀宗を嫡男として扱ったが、やがて正室の愛姫《めごひめ》が男子（忠宗《ただむね》）を産むと、実質的に廃嫡した。

慶長19年（1614）の大坂冬の陣後、秀宗は将軍秀忠から伊予宇和島に10万石を与えられ、別家を立てた。たかった。これで円満に相続問題が解決したわけではなく、秀宗が起こしたある事件をきっかけに、なんと政宗は秀宗を勘当し、幕府に対し伊予宇和島藩を改易するよう求めたのである。

いったいなぜ、親子の確執《かくしつ》がこれほど大きくなったのだろうか。

秀吉、そして家康の〝人質〟となった跡取り

伊達秀宗は、政宗にとっては待望の長男であった。幼名を兵五郎《へいごろう》といい、母親は側室（出羽本庄城主・六郷《ろくごう》氏出身。実母については諸説あり）だった。一方、正室の愛姫はなかなか男児に恵まれず、結局、庶子でありながら秀宗が伊達の家督を継ぐべき者として養育されることになった。

文禄三年（一五九四）、兵五郎は父の政宗に伴われ、豊臣秀吉に拝謁した。主君に子供を謁見させるという行為は当時、その子が正式な嫡子だと主君が承認することを意味した。しかし、このとき政宗は、男児が一人しかいないにもかかわらず、「兵五郎をお預けするので育てていただきたい」と秀吉に申し入れたのである。そう、豊臣政権の人質に差し出したのだ。

ところが翌年、政宗の身に大変な災難がふりかかる。この二年前に、秀吉にわが子・秀頼《ひでより》が生まれた。すでに秀吉は甥の秀次《ひでつぐ》を後継ぎにしていた。しかし、どうしても秀頼を跡継ぎにしたくなったのだ。結果、第1章で説明したように、秀次との関係が悪くなり、つ

いに同年、秀吉は謀反の疑いで秀次を高野山に追放し、切腹させたのである。

政宗は、秀次と極めて親しい間柄だった。次の天下人ということで、接近したのかもしれない。いずれにせよ秀吉は、政宗が秀次に同心していたのではないかと疑い、本人を処罰し、伊達氏の家督を兵五郎に譲らせようとしたという。

これを知った政宗は、驚いて徳川家康に泣きつき、そのとりなしで事なきを得たが、このとき政宗は秀吉に対し「もし謀反を起こそうとしたことがわかれば、ただちに隠居し、兵五郎を当主にします」という誓詞を差し出したといわれる。

翌文禄五年（一五九六）、秀吉は兵五郎を元服させて自分の猶子《ゆうし》とし、「秀」の一字を与えた。わが子、秀頼の側近の一人に育成しようとしたようだ。

このままいけば、豊臣政権下で秀宗は仙台藩二代藩主となり、秀頼をささえる豊臣政権の重鎮になっただろう。しかし、慶長三年（一五九八）に秀吉が亡くなり、政権内は家康派と反家康派に分かれて対立するようになった。政宗は娘の五郎八姫《いろはひめ》を家康の六男・忠輝《ただてる》に嫁がせていたこともあり、安全な家康派だった。しかも翌年、政宗と正室の愛姫のあいだに男児・虎菊丸《とらぎくまる》（のちに忠宗）が誕生したのである。

これによって秀吉に重用されていた秀宗は、微妙な立場に置かれることとなった。とはいえ、子供の死亡率は高く、虎菊丸が無事育つかまだわからないため、嫡男としての秀宗の地位がすぐに揺らいだわけではない。

翌年の関ヶ原の戦いの直前、大坂城にいた十歳の秀宗は、西軍に身柄を拘束されて宇喜《うき》多秀家《たひでいえ》に預けられてしまう。合戦後、まもなく解放されたものの、場合によっては殺された可能性もあった。人質の悲しさである。慶長七年（一六〇二）、秀宗は伏見城で徳川家康に謁見したあと、そのまま江戸城へ向かった。今度は徳川の人質となったのである。

とはいえ、まだ政宗は秀宗を嫡男として扱っており、秀宗の傅役《もりやく》（後見役）である大和田忠清に秀宗の教育方針「十一カ条の掟書」を与えている。そこには、

「手習い・読み物を不断に指南せよ、外出は月に一度ほどとせよ、鷹狩りは無用にせよ、花火も無用、見物に出ることも無用、大酒は堅く停止する、安易に人と親しくしてはいけない」（宇神幸男著『シリーズ藩物語　宇和島藩』現代書館）

といったことが細かく記されていた。政宗が、けっこうな教育パパであることがわかる。

この頃、政宗は有能な家臣十五名や側近二十九名を選んで秀宗につけた。慶長十三年（一六〇八）、秀宗は家康の命により徳川家の重臣・井伊直政《いいなおまさ》の娘である亀姫を正室に迎えた。

だが、虎菊丸のほうもすくすく育ち、五歳のとき天下人になった徳川家康に伏見城で謁

見した。さらに慶長十六年（一六一一）、江戸城で元服して将軍秀忠から「忠」の一字を賜り、忠宗と名乗るようになった。こうなってくると、政宗も家臣たちも正室の子で、成人する可能性が高くなった忠宗を嫡男として扱うようになっていった。逆に豊臣に重用された秀宗は、おのずと後継者から外れていった。

禍根となった父から借りた六万両

だが、この措置を親として心苦しく思ったのだろう。

「慶長十九年十一月十日、政宗は家康腹心の本多正純に書状をしたため、秀宗の『身上之儀』（秀宗が豊臣秀吉の猶子であったため領地を与えられない事情）を、両御所（家康、秀忠）に伝えてほしいと訴え、『返々頼入計候』（くれぐれもお願いします）と念を押している」（前掲書）。ちょうど、大坂冬の陣が始まろうとしていたときであった。

政宗は冬の陣に秀宗を伴っており、わが子の軍功として戦う前から大名への取り立てを要求したのである。ずいぶん強気だが、これには訳があった。関ヶ原合戦のとき、政宗は東北地方で会津の上杉景勝《うえすぎかげかつ》と戦い、上杉軍が関東へ襲来するのを防いだ。家康が政宗に百万石のお墨付きを与えたからだ。ところが戦後、家康は四の五の言って、約束を守らなかった。そこで今回、その代償として家康に息子の大名取り立てを願ったのである。

このため家康は、大坂の冬の陣の戦功として、同年、秀宗に伊予宇和島十万石を与えたのである。しかも、国持大名（一国を支配する家格の高い大名）に匹敵する地位を与えたのだ。

こうして秀宗は、別家、すなわち「東の伊達」に対して、「西の伊達」を立てたのである。

政宗のせめてもの親心であろう、自ら秀宗に付属させる有能な家来（俗に五十七騎と称する）を選んだ。こうして慶長二十年（一六一五）三月、秀宗は彼らを率いて伊予の板島丸串城《いたじままるぐし》へ入った。

このおり、政宗は秀宗本人に五カ条の訓戒を与えている。

「一、両御所（家康、秀忠）に筋道を通すことはもちろん、そのことを決して忘れてはならない。

二、家臣を大切にするよう。但し、罪は決して許してはいけない。

三、常に弓矢（武芸）を心がけるのはいうまでもない。

四、学問のことは口頭で伝える。碁や将棋（など教養）のことも。

五、家臣を思いやり、その心を聞き分けること」（前掲書）

ただ、二十六歳の秀宗にとって、本来自分が仙台六十二万石の領主になるはずだったのだから、内心は忸怩《じくじ》たる思いがあったはずだ。

そんなこともあり、秀宗は政宗から借りた金を返そうとしなかった。宇和島入りするさい、藩政のための資金として政宗は、六万両（金額については異説あり）という大金を秀宗に貸し与えていたのである。重臣たちのなかにも、「政宗とは親子なので、わざわざ金を返す必要はない」とか、「長期返済すればよいのだ」という意見が多かった。それも秀宗の気持ちに影響していたかもしれない。

ところが、これに異をとなえたのが、家老の山家清兵衛公頼《やんべせいべえきんより》だった。宇和島十万石のうち三万石を政宗の隠居料とするかたちで、返済にあてるべきだと主張したのだ。

結局、この案が通った。清兵衛は政宗の信頼があつく、秀宗の補佐役としてつけられた重臣である。政宗に秀宗の行動を報告していたといわれ、ときには、その浪費をいさめることもあったようだ。

お家取り潰しを救った政宗の「疑惑の演技」

そんな山家清兵衛が元和六年（一六二〇）六月三十日に家族もろとも屋敷で惨殺された。

ただ、事件の顚末は一次史料（当時の手紙や日記、公文書）に一切残っていない。のちに伝えられた記録（二次史料）はさまざまだが、これらをもとにおおまかな事件のてん末を見ていこう。

旧暦の六月三十日は真夏なので、事件当日、清兵衛は蚊帳をつって寝ていた。刺客《しかく》たちは蚊帳の四隅の釣り手を切り落とし、身動きがとれなくなった清兵衛を何度も刀で突いて殺したのである。このおり、次男と三男も刺殺し、九歳の四男は井戸に投げ込んで殺害したという。隣には娘婿の塩谷内匠《しおのやたくみ》一家が住んでいたが、同じく刺客の手によって皆殺しにされた。

犯人は桜田玄蕃《さくらだげんば》の手の者だったといわれている。

幕府は前年の元和五年（一六一九）、伊予宇和島藩に大坂城の石垣工事を命じており、この年、秀宗は清兵衛と桜田玄蕃を奉行に任じた。だが、工事の進め方をめぐって二人は対立し、玄蕃が秀宗に清兵衛の不正を訴えたのである。

驚いた清兵衛は、弁明のために宇和島に戻り秀宗に無実を主張し、自宅に籠もって沙汰を待っていたところ、遭難したというわけだ。

だが、なんとも不思議なのは、清兵衛一家を惨殺した桜田玄蕃が、その後、何のお咎《とが》めも受けていないことだ。本来、藩士同士の喧嘩は決して認められず、両成敗というのが通例なので、玄蕃には死罪が申しつけられてしかるべきであろう。なのに、処罰されていないのだ。

ということは、山家清兵衛の殺害は、玄蕃の個人的な怨恨による犯行ではなく、主君秀宗の命令と考えるのが順当であろう。つまり、桜田玄蕃に上意《じょうい》討ちの命が下ったのだ。

ちなみにこの四年前、秀宗は政宗から手紙で浪費を戒められている。それを報告したのも清兵衛だったので、個人的な遺恨も積もっていたのかもしれない。

なお秀宗は、この事件を父の政宗や幕府に一切報告しなかった。

清兵衛は、政宗が息子につけた重臣だった。それをむごいかたちで殺したということをのちに知った政宗は激怒し、秀宗の重臣・桑折景頼《こおりかげより》に手紙を送りつけた。そこには、「俺に一切の相談なく、このような仕置きをするとは、前代未聞の暴挙だ」といった激しい言葉が並んでいた。その後、政宗は秀宗に勘当を申し渡したのである。

それだけではない。なんと幕府に対して「秀宗には十万石を支配する器量はないので、この者から領地を召し上げ、宇和島藩を改易してほしい」と願い出たのである。

この申し入れに、幕府の閣僚たちは仰天した。このため、むしろ老中の土井利勝《どいとしかつ》や秀宗夫人の父・井伊直政は逆に政宗をとりなした。とくに利勝などは、政宗の重臣である茂庭綱元《もにわつなもと》へ手紙を寄せ、「若さゆえ分別がつかなかったのだから、今回ばかりは許してやってほしい」と頼むほどだった。

こうして、最終的に宇和島藩には幕府から何のお咎めもなかった。やがて政宗も、秀宗への勘当処分を解き、その後は実際に対面し、親子むつまじい関係に復した。

一説には、伊達政宗が激怒して幕府にねじ込んだのは、息子の秀宗の失態を不問に付すための演技ではなかったか、といわれる。あえて皆が驚くような大騒ぎを演じることで、伊予宇和島藩の改易を未然に防いだのだというのだ。

この時期、村上忠勝《むらかみただかつ》、関一政《せきかずまさ》、福島正則《ふくしままさのり》など、お家騒動やささいな失態で、幕府は容赦なく大名を潰していた。老獪《ろうかい》な政宗ゆえ、わが子を救うために狂態を演じてみせた可能性は考えられなくもない。

ともあれ、晩年には政宗・秀宗父子は仲むつまじかったことは間違いない。年代は未詳だが、寛永七年（一六三〇）から十年（一六三三）にかけての政宗の秀宗宛の書状が現存する。そこには年賀の挨拶とともに、「私の秘蔵の香木『柴舟《しばふね》』と、大切にしている茶入『小茄子《こなすび》』をお前にあげよう」と記されている。柴舟の現物はないが、小茄子のほうは、いまも宇和島市の博物館に所蔵されている。

宇和島を襲った清兵衛の〝呪い〟

さて、清兵衛殺害事件は、それからも尾を引き続けた。

清兵衛が怨霊となり、災いをもたらしたのである。少なくとも、人々はそう信じた。そこで、西ノ谷という場所に山家一家の霊を密かにお祀りするようになる。

だが、さらに寛永九年（一六三二）、こんな事件が起こった。

金剛山正眼院本堂で秀宗の正室・桂林院の三回忌がとりおこなわれたさい、強風が吹いて本堂の梁《はり》が落下し、あの桜田玄蕃が下敷きになって死んでしまったのである。さらに、清兵衛の死にかかわった者たちが、海難事故や落雷で続々と非業の死を遂げた。

このため家老の神尾勘解由は、宇和島城の北、八面大荒神の境内に新たに小祠を建てた。だが、それからも台風や大地震が続発し、飢饉も発生。藩主秀宗は中風に倒れ、長男は身体が弱く三十三歳で若死にした。さらにその後、二代藩主になるはずだった次男の宗時《むねとき》も三十九歳で死んでしまった。

不安に思った秀宗は、承応二年（一六五三）に檜皮の森に清兵衛のための社殿を創建した。これが「山頼和霊神社《やまよりわれいじんじゃ》」である。

神社のお祭りである和霊大祭は年々盛大になり、町人や農民も参加するようになった。が、祭当日は雨が降ることが多いそうだ。それは、山家清兵衛の涙雨だと信じられている。

以後、宇和島藩は江戸藩邸や大坂、京都の屋敷内にも和霊神社を分祀し、元禄十三年（一七〇〇）には清兵衛に明神号を与え、享保十三年（一七二八）に和霊大明神とし、同十六年、五代藩主の村候《むらとき》が、清兵衛の屋敷跡に和霊神社を遷座して霊を慰めたのである。

いずれにせよ、この清兵衛事件をどう考えるかは諸説あるが、宇和島藩の断絶の危機は去り、政宗・秀宗父子の関係も旧に復したのである。

第3章

時代の変化を乗り越えて一族の結束を支え続ける「家訓の力」

▶毛利元就
(1497〜1571)

▶北条氏綱
(1487〜1541)

▶西川家
(1566〜現在)

毛《もう》利《り》元《もと》就《なり》

戦国武将、毛利家第十二代当主
1497年～1571年

「三本の矢」という"フィクション"に隠された真実

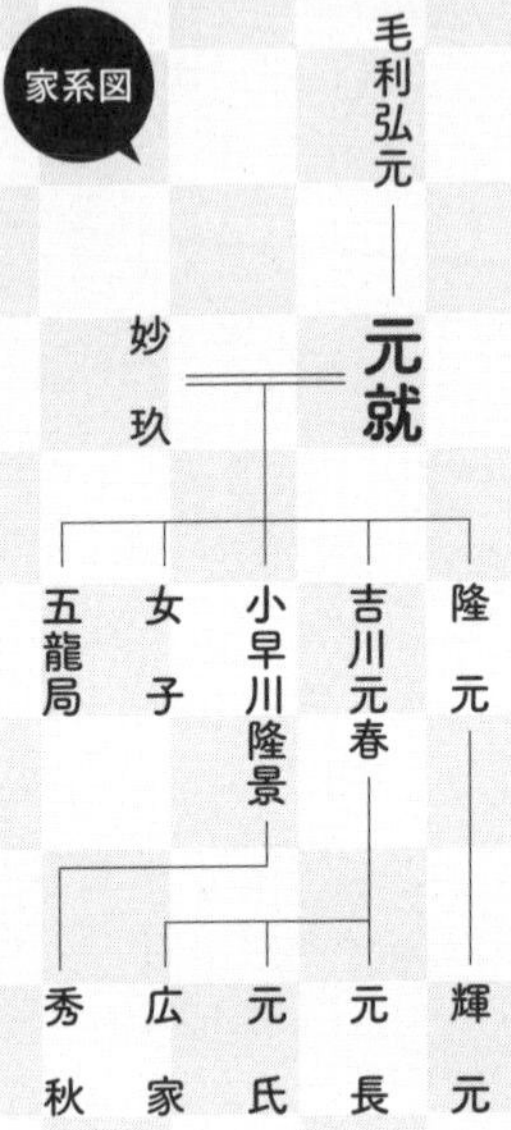

河合先生の ここがポイント！

安芸の国衆にすぎなかった毛利元就は、強大な陶晴賢《すえはるかた》を厳島《いつくしま》の戦いで討ち、山陽の大内《おおうち》氏や山陰の尼子《あまこ》氏を滅ぼし、10カ国にまたがる中国地方の太守に成り上がった。

そんな元就は臨終に際し、3人の息子たちを枕元に集め、矢を1本ずつ持たせて折るように命じた。彼らが難なくへし折ると、今度は「3本たばねてやってみよ」と指示し、それができないのを見て「1本ならたやすく折れる矢も、3本束になれば折れないもの。兄弟3人が力を合わせれば、毛利家は安泰なのだ」と諭したという。

この「毛利元就三本の矢（三矢の訓）」は、戦前の教科書に載るほど有名な話だったが、残念ながら史実ではない。既存の中国の武将・阿豺《あさい》の話やイソップ寓話が、後世になって元就の逸話として挿入されたのだ。

しかし、おそらくそれは、元就が3人の息子たちに宛てて「教訓状」を残しているからだと思われる。そこには、いったい何が記されていたのだろうか。

家督を譲ってから始まった毛利家存続の苦闘

毛利元就は、安芸の国衆《くにしゅう》（有力武士。国人《こくじん》とも）であった弘元《ひろもと》の次男として生まれたが、五歳で母を失い、父の弘元も十歳のときに病死した。すると、家老の井上元盛《いのうえもともり》に城から追い出され孤児になってしまう。

そんな境遇を憐れんだ父の側室・お杉が、少年元就を引き取って育ててくれた。のちに元就は、長男の隆元《たかもと》に宛てた書簡で「お杉様は私のことを憐れみ、まだお若いのに再婚もせず、私の養育に一生を捧げてくださった」と感謝している。

やがて元就は、同じ安芸国の国衆である吉川国経《きっかわくにつね》の娘・妙玖《みょうきゅう》と結婚。その後、大名に栄達するが、珍しく妙玖の他に妻を持たなかった。父の側室でありながら、自分のために独身のまま世を終えた、お杉に対する敬愛の念があったのかもしれない。

妙玖とのあいだに七人の子が生まれたが、彼女は四十七歳で亡くなってしまった。すると元就は、嫡男の隆元に「最近は、なぜか死んだ妙玖のことばかり思い出してしまう。お前たちのこともいろいろ考えてやろうと思うのだけど、心がくたびれてしまったよ。妙玖がこの世にいてくれたら、相談相手もいたろうに。彼女のことばかりが頭に浮かんでくるんだ」と弱音を吐いている。元就の人間性が見えて興味深い。

天文十五年（一五四六）、元就は五十歳のとき突如、隆元に家督を譲っている。隆元はまだ二十四歳の若さだった。その理由について研究者の岸田裕之氏は、次のように述べている。

元就は居城（吉田郡山城）を攻めてきた尼子軍を撃退したが、

「郡山合戦は防衛戦であり、つづく富田城攻めも敗退し、全く占領地がなかったため、戦死したり戦功をあげた家臣らに褒賞を給与することができなかった。そのため元就は、家中において評判が悪く、家臣らの信頼を失っていた。いわば主従関係における主君としての責任を果たせていなかった。こうした状況を直視した元就は（中略）人心一新をはかるため隆元へ家督を譲渡したのである」（『毛利元就――武威天下無双、下民憐愍の文徳は未だ――』ミネルヴァ書房）

とはいえ、家督を譲ったあとも政治の実権は、相変わらず元就自身が握り続けていた。岸田氏によれば、このときの隆元では到底、元就の期待を背負えるような状態ではなかったからだという。

長いあいだ隆元は、大内氏の人質として小京都といわれる山口にいたので、その文化的環境にかぶれて野外に出るのを好まなかった。そこで元就は、文弱な隆元に野外での鷹狩りや蹴鞠《けまり》を盛んに勧めている。また、教育係として信頼する老臣・志道広良《しじひろよし》をつけたのである。広良はよくこれに応え、隆元に主君としてのあり方を説いていった。

元就自身も頻繁に隆元に手紙を送り、毛利家当主としての心得を細々と伝え、二代目の教育に力を注いだ。たとえば元就は、「隆元のはっきりしない言動、その場を取り繕う発言が侮られる要因であろうこと、したがって骨、すなわち議事の基本的・根本的なことを存分に発言すべきであると注意」（前掲書）している。

隆元は、素直に元就の言うことに従った。しかし、自分には父のようなカリスマ性はなく、能力も格段に劣っていることを自覚していた。天文二十三年（一五五四）、隆元は師であった竺雲恵心《じくうんえしん》に自分の思いを述べた書簡を送っている。

それによれば、「毛利家の元就代で家運が尽きること、才覚器量は元就に及ばないし賢佐良弼もいないことなどをあげ、家督としての力不足を悔い」（前掲書）ているのだ。また、別の手紙では、「『名将の子ニハ』必ず不運の者が生れ候と申し候事、存知当り候」（前掲書）と述べている。それでも、自分は非才ではあるけれど、国家を保つために油断せずに努力するつもりだと述べている。痛々しさすら覚える手紙である。

「三本の矢」の原型で元就が伝えたかったこと

弘治三年(一五五七)、元就は六十一歳のときに十四カ条におよぶ「教訓状」を、正室の妙玖から生まれた三子(長男の毛利隆元、次男の吉川元春《もとはる》、三男の小早川隆景《こばやかわたかかげ》)に与えている。なんと、三メートル近くにおよぶ長い書状だが、簡単に要約すると次のようなことが記されている。

「お前たちは、毛利の苗字が末代まで廃《すた》れないよう心がけなくてはならない。元春と隆景は他家を継いでいるが、それは一時的なことであるから、毛利の二字を決しておろそかにしたり、忘れてはならない。もし、お前たちが協力していかなければ、毛利家は弱くなって三人とも滅亡するだろう。元春と隆景はしっかり兄の隆元の命に従い、これを助けなさい。隆元も二人の弟を親のような大きな気持ちで慈しむこと。兄弟が仲よく結束することは、お前たちの母親である亡き妙玖の願いでもある。それがよい弔いになろうし、長く毛利家が保たれるはずだ」

ちなみにこの他にも、興味深いことを教訓状に記している。

「私は思いのほか、多くの人を殺してしまったので、いずれ、その報いを受けるであろう」（五條小枝子著『戦国大名毛利家の英才教育』吉川弘文館）とか、「武勇も、度胸も、知恵才覚も人より優れているわけでもないのに、どういうわけか、戦乱の世をすり抜けてこられた」（前掲書）と述べているのだ。厳島の戦いで陶晴賢の大軍に勝利できたのも、厳島神社を信仰していたおかげだと謙遜し、厳島神社を信仰するように息子たちに勧めている。

戦国の英雄とは思えぬほどの謙虚さを持っているのだ。

これは元就の思考の特徴でもあったようだ。たとえば別の手紙では、陶晴賢を倒しても征服した土地を支配する自信が持てないとか、本当は戦いたくなかったが、相手が仕掛けてきたので仕方なく迎撃したと語っている。

さらに、大事なのは家の存続だから、どうかそれだけを考え、大それた野望は持つなとも言う。めちゃくちゃマイナス思考なのである。

この教訓状はおそらく、外部へ公開されてもかまわないように記されたと思われるが、これとは別に、元就は毛利家当主である隆元に自筆の手紙を教訓状に添えている。

そこには、「三人に少しでも確執ができれば、どんどん悪化して毛利家は滅亡すると考えよ。今のように結束しているなら、安芸国（毛利の拠点）の国衆（有力武士）に足をすくわれることもないし、他国の武将を恐れる必要はないだろう。毛利家のことを好ましく思っている者など、他家どころか国中に一人もいないのだ。ゆえに三人の団結に勝るものはない。もし妙玖が生きていれば、きっと彼女が話してくれたろうが、今は私が代わって気を遣っているのだ」とある。

これまたかなり消極的な発言と愚痴だが、もともと安芸の一国衆だった元就は、国内の国衆たちと一揆（同盟）を結んで、周防の大内氏や出雲の尼子氏とのあいだを遊泳しつつ、大名に成り上がった経緯があった。その後、厳島合戦で大敵の陶晴賢を倒し、さらに大内氏や尼子氏を滅ぼしたものの、安芸の国衆たちは元就を同盟の盟主程度にしか考えていなかったのだろう。

だから元就も、この手紙からわかるとおり、あまり国衆たちを信用していなかった。当時、毛利氏は五カ国におよぶ領地を有する大大名に急膨張していた。そこで元就は、宗家の当主・隆元のもとで、一族の元春と隆景も領国経営に参加させようとしたのだと思われる。その前提条件として、三人を結束させる教訓状を付与したのだろう。母を同じくする三兄弟に対し、あえて妙玖に触れたことからも、そうした意図がよくわかる。

先の岸田裕之氏は、この教訓状はまた「ただ単に三兄弟の結束を説いたというものではなく、毛利氏の『国家』の核となる毛利家を保つために家督の隆元の主君としての地位を明確にしたものであり、それによって兄弟・一族のなかでの内紛を避け、いわゆる下剋上を禁止すると宣言したものである」（前掲『毛利元就』ミネルヴァ書房）と論じている。

ときおり元春や隆景が、兄の隆元を軽んじたり、対立したりする場面があった。それを危惧した元就が、誰がトップかをはっきりさせ、弟たちが隆元に取って代わる危険性を排除したというわけだ。

カリスマに続く二代目の過大なプレッシャー

「三子教訓状」を与える数カ月前、じつは元就は大内氏を滅亡させたのを機に完全に隠退することを決め、隆元にその決意を告げた。すでに隆元も三十五歳になっていたので、領国経営を完全に息子に委ねようと思ったのだろう。

が、それを聞いた隆元が過剰な反応をしたのである。

岸田氏によれば「隆元は、それを必死になって阻止しよう」（前掲書）としたという。

そして弟の元春と隆景、さらに重臣たちにこの事実を伝え、「隆元一人では無器用で無才覚なので、とてもお家の長久は保てないし、もし、それでも元就が蟄居《ちっきょ》するなら、私も息子の輝元に家督を譲って隠退する。輝元の代に毛利家がどうなろうと、私の知ったことではない」と、大騒ぎを演じたのである。隆元は、元就に輪をかけたマイナス思考の持ち主だったようだ。

隆元は「毛利氏の実績は全て元就の傑出した才覚・器量によるものと認識していた」（前掲書）。逆にいえば隆元は、形のうえでは毛利家の当主でありながら、すべてを元就に頼り切っていたことがわかる。結局、隆元の反応を見て、元就は隠居を撤回せざるを得なくなってしまった。

以後、「蟄居を撤回した元就が、隆元教育に厳しく臨」（前掲書）むようになり、「まず隆元が元就のもとに案件を書状にして届け、それについて元就が面談を呼びかけ、約束した日時に隆元が呰に上って直談にいたる」（前掲書）という、後継者直接教育システムが確立されたのである。

岸田氏は「元就が多くの情報をえて、それらを大中小の諸事について、隆元と先ず内談、また助言・指導等を行っていることは、注目される。それは、小事を適宜的確に判断して処理すること、その積み重ねが、より大きいものを生み出すという元就の考え方による」(前掲書) ものだと断じている。

こうしたなかで元就は、骨のある当主になること、国衆たちと交流を深めて信用を高めることなど「統治者として心得るべきことを懇切・丁寧に説諭」(前掲書) し、「しかも同じ事や類似の事を繰り返し諭している」(前掲書)。

一方、隆元はこうした後継者教育を受けても、嫌な態度一つ見せずに、素直に学ぼうとした。しかもとても信心深く、思いやりの深い人物だった。そして、大の親孝行であった。永禄五年(一五六二)、厳島神社に立ち寄ったさい、隆元は元就の健康と長寿を祈願し、「もし父に災難が降りかかるときは、私が身代わりになる」という願文を捧げている。

こうした孝行息子に対し、元就はその経験不足に不安を感じながらも、将来を楽しみにしていたと思われる。

ところが、である。永禄六年(一五六三)八月四日、隆元は四十一歳の若さで亡くなってしまったのだ。その死に方は尋常ではなかった。

隆元は備後国南天山《なんてんざん》城主・和智誠春《わちまさはる》から馳走の誘いを受け、豪勢な料理を堪能して戻る途中、激しい腹痛に悶絶し、息絶えたのである。鮎を食べたことによる食中毒と説明されたが、元就は素直に信じなかったようだ。一説には、誠春と隆元の側近・赤川元保《あかがわもとやす》が共謀して毒殺したのだと確信していたという。実際、それから数年後、元就は誠春を幽閉して殺害し、さらに元保を自刃させている。

いずれにせよ、六十七歳という高齢になって跡取りを失った老親の気持ちは、察してあまりある。

一族総出でおこなった嫡孫への帝王教育

隆元が亡くなると、元就は隆元の長男で十一歳の嫡孫の輝元《てるもと》を、毛利家の跡継ぎと定めた。そして、輝元が十三歳で元服したあとは、輝元を手元に置いて跡継ぎとしてスパルタ教育をほどこした。やがて輝元の教育には、その叔父の吉川元春と小早川隆景も参加するようになった。

そして、輝元が十五歳になった永禄十年（一五六七）、七十一歳の元就は「輝元が二十歳になり分別がつくまで、また自分の息が通う限りは、何事も異見・介錯を行うこと、それは隆元への届、追善供養と思っていること、しかし自分も高齢で病気ゆえ、蟄居を聞き分けてほしい」（前掲書）と、領国経営から完全に引くことを告げたのである。

　すると輝元は、「父の隆元は四十歳になるまで、すべてあなたに任せていたのに、私はまだ十五歳です。とても無理です。あなたが隠退するなら、私も一緒についていきます。あまりに情けないことを言わないでください」と猛反対したのである。

　このため元就は、またも隠居を撤回せざるを得なくなった。

　とはいえ、自分の命は長くないのだから、死後の輝元の補佐体制をつくらねばならない。こうして元就は、吉川元春と小早川隆景に加えて、重臣の福原貞俊《ふくはらさだとし》と口羽通良《くちはみちよし》の「御四人《おんよにん》制《せい》」を「毛利氏の最高意思決定機関」（前掲書）とする支配体制を整えた。

　また、細々とした輝元の日常における教育については、輝元の生母・尾崎局《おざきのつぼね》に対して元就本人が指示を与え、尾崎局から本人に伝えるという手法を用いた。

　たとえば元就は、輝元の酒量が多いのを知ると、尾崎局に「小さなお椀に一杯や二杯程度なら心配はありません。中くらいの椀に二杯も飲めば、人も（酔って）身体の器官の働きが失われるものですから、何とかしてお膳を取り下げるということです」（『戦国大名毛利家の英才教育』）と述べている。

　ちなみに元就は、「私の祖父が三十三歳、父が三十九歳、兄が二十四歳で亡くなったのはすべて酒のせいで、自分は下戸なので長生きしている」と断言し、「酒を飲まなければ、七〇歳八〇歳まで堅固でいられて、悦ばしいこと」（前掲書）と禁酒を勧めている。

自分の家と引き換えに毛利家を守り抜いた隆景

元亀二年（一五七一）六月十四日、毛利元就は七十五歳の生涯を閉じた。

元就の死後、元春と隆景が宗家の輝元（隆元の嫡男）を支える「毛利両川《もうりりょうせん》」と呼ばれる体制をさらに強化し、毛利氏を発展させていった。

その後、毛利輝元が豊臣秀吉に臣従すると、吉川元春は引退してしまうが、小早川隆景はその後も主家の毛利輝元を支え続けた。

あるとき秀吉の軍師・黒田孝高《くろだよしたか》が来訪し、隆景に「輝元殿は実子なく、世嗣《せいし》が定まっていないと聞く。金吾《きんご》様はどうであろうか」と持ちかけてきた。金吾は秀吉の正室・北政所《きたのまんどころ》の甥で、秀吉の養子となっていたが、暗愚で有名な少年だった。ともあれ、金吾を跡継ぎとするということは、毛利の血脈が絶え、領地を秀吉の一族に横領されることを意味した。ましてや、愚物の金吾のこと、お家を潰しかねない。

まさに一大事といえたが、隆景は驚きを表情に出さずに、「それが実現したら、まさに毛利家の幸福です」と喜ぶふりをし、孝高の去ったあと、秀吉の侍医・施薬院全宗《やくいんぜんそう》のもとへと走り、「私は引退したいが世嗣がない。金吾殿を養子にしたい。秀吉様に伝えてほしい」と依頼したのだ。先手を打ち、自分を犠牲にして宗家を守ろうとしたのである。隆景は五十万石を超える大身だったので、秀吉は喜んで縁組みを了承した。

ちなみに、小早川家を継いだ金吾は、名を秀秋《ひであき》と改めた。関ヶ原合戦で有名な裏切りを演じた、あの青年武将である。

その後、秀秋は精神に異常を来たし、老臣を誅伐するなど乱行が目立ち、重臣たちが次々と離反して家は崩壊状態に至り、関ヶ原から二年後、当人も死没した。病死したとも、家臣に殺されたともいわれる。享年二十一歳であった。

嗣子なきがゆえ、小早川家は断絶となった。このように隆景は、父・元就の遺訓(教訓状)を守り、小早川家を犠牲にして、毛利宗家を救ったのである。

毛利家一族

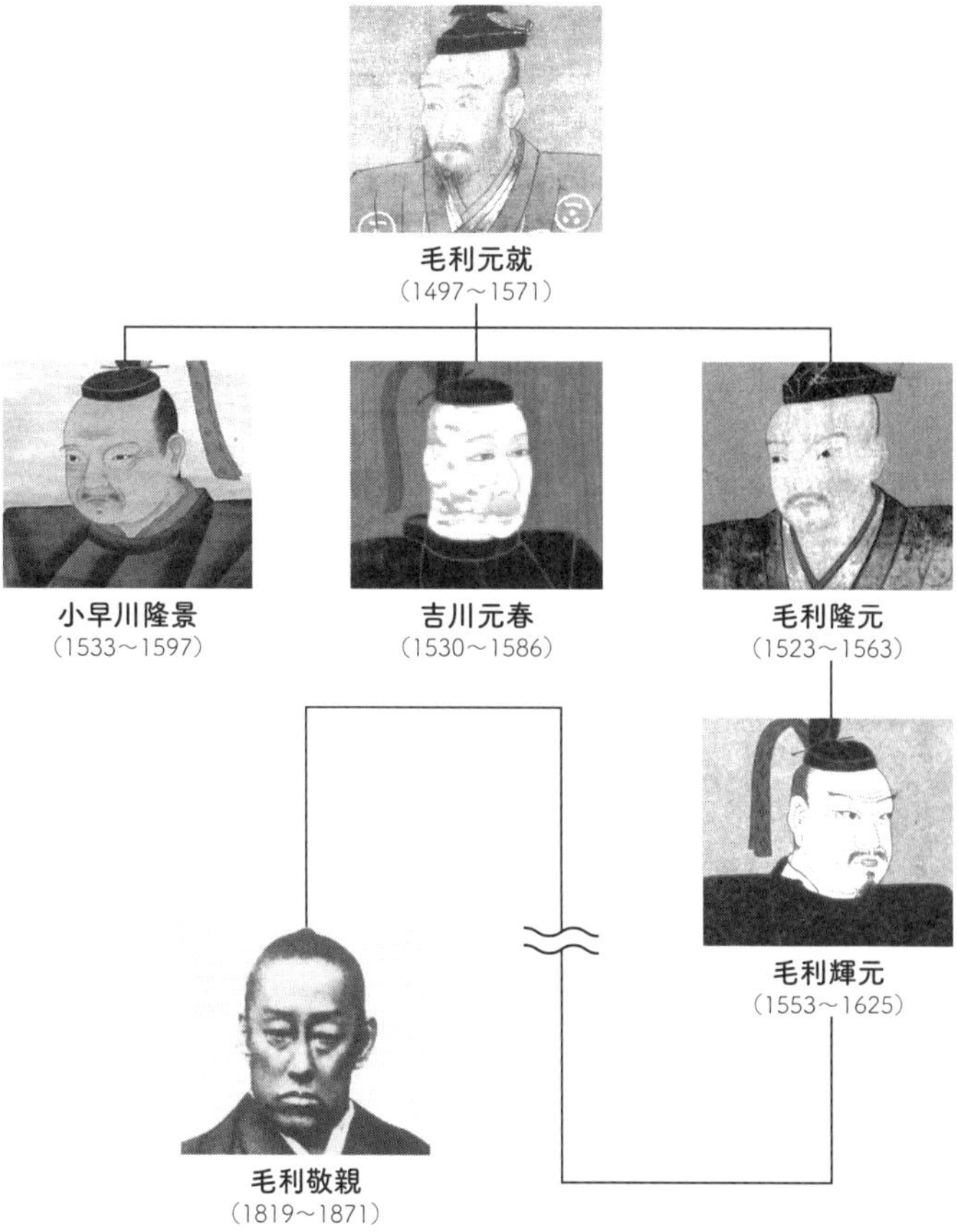

毛利家27代当主、長州藩13代藩主。幕末期、吉田松陰、高杉晋作ら下級藩士を登用し、薩長同盟を結ぶなど、維新の原動力の1人となった。

北《ほう》条《じょう》氏《うじ》綱《つな》

戦国武将、北条家第二代当主
1487年〜1541年

五代百年の〝平和〟を実現した「五カ条の遺訓」

家系図

伊勢長時（北条早雲）――北条氏綱――氏康――氏政――氏直

河合先生の ここがポイント！

北条氏綱と聞いても、多くの方は、名前は知っていても、どんな活躍をした戦国大名なのか、すぐに思い浮かべるのは難しいだろう。

武田信玄《たけだしんげん》、上杉謙信《うえすぎけんしん》、織田信長《おだのぶなが》といった有名な武将とは、1世代早いからかもしれない。

氏綱は、最初の戦国大名といわれる北条早雲《そううん》の後継者である。

外部から来て伊豆と相模を支配下に置いた早雲の死後、氏綱は武蔵の大半を制圧、房総半島に進出し、駿河や甲斐でも戦い、関東最大の大名に成り上がった。

しかし、単に領地を拡大するだけでなく、よそ者である北条が関東に長く君臨できる巧みな仕組みをつくり上げ、5代100年にわたる繁栄の礎をつくったのである。では、氏綱がつくり上げた繁栄の仕組みとは、どのようなものだったのだろうか。

「最初の戦国武将」北条早雲という虚像

北条氏綱は、早雲の嫡男として長享元年（一四八七）に生まれた。父の早雲はもともと伊勢新九郎長氏《いせしんくろうながうじ》という浪人で、駿河の守護大名・今川義忠《いまがわよしただ》の側室になった妹を頼って客将（重臣）となった。それだけでもスゴいのに、なんと還暦を過ぎてから隣国伊豆へ侵攻し、わずかひと月で茶々丸（堀越公方《ほりこしくぼう》・足利政知《あしかがまさとも》の子）を倒して伊豆国を乗っ取ったのである。このため、早雲は日本最初の戦国大名といわれてきた。

しかしこの逸話は、後世の軍記物で広まったもので、事実ではない。近年の研究では、早雲が浪人というのは誤りで、室町幕府の重臣（政所執事《まんどころしつじ》）伊勢氏（名家）の一族出身で、当人も九代将軍・足利義尚《あしかがよしひさ》の申次衆《もうしつぎしゅう》（秘書のような職）をしていたことが判明している。名前も長氏ではなく盛時《もりとき》といい、年齢も従来の説より二十歳ほど若い（一四五六年生まれ）と考えられている。そう、これまでの俗説とは、まったく違うのだ。

とはいえ、早雲の姉妹が駿河の守護大名・今川義忠《よしただ》の妻になったのは事実である。彼女は息子（竜王丸《りゅうおうまる》、のちの今川氏親《うじちか》）を生んだが、義忠の死後に今川家で家督争いが起こった。

このとき早雲は、駿河へ援軍として赴き、長享元年（一四八七）に甥の氏親を当主にすえた。その功により、早雲は今川氏から城を与えられたという。

このあたりは、おおむね通説どおりだが、伊豆国へ侵攻したのは室町幕府の第十一代将軍・足利義澄《よしずみ》の命令を受けたからだとされ、しかも平定まで五年もかかっている。

その後、早雲は隣の相模国へ勢力を拡大。西部の小田原城が交通の要衝なので、これを手に入れるため一計を案じた。城主の大森藤頼《おおもりふじより》と親しくなり、あるとき、「伊豆で鹿狩りをしていたら、多くの鹿が小田原城の裏山に逃げてしまった。伊豆方面へ追い返すため、部下を裏山に入れさせてほしい」と手紙を送る。

藤頼が快諾すると、やって来た早雲の家臣たちは小田原城の裏山から一気に攻めのぼり、城を奪ってしまったという。

だが、この逸話も史実かどうか怪しく、どのような経緯で早雲が小田原城を手に入れたのか、じつはよくわかっていない。

また、これ以後、早雲は小田原城に入り、そこが北条五代の本城となったといわれているが、意外にも早雲は死ぬまで伊豆の韮山《にらやま》城を拠点にしている。小田原城を居城として整備したのは、本稿の主人公・氏綱なのである。

早雲は永正十六年(一五一九)に死去するが、これより前、氏綱や家臣たちに家訓を残した。それが「早雲寺殿二十一箇条」だ。教科書の副読本などにも掲載されているので、ご存じの方も多いはず。せっかくなので、その内容をいくつか意訳して紹介しよう。

「夜は八時頃までに寝て、早起きしなさい。遅く起きると、家臣も気が緩みます。何事も慎み深くしなさい。無駄遣いや大声を出すなど乱暴な態度はいけません。素直で正直な心を持ち、上の者を敬い、下の者を思いやりなさい。他人より立派な服や武器は必要ありません。見苦しくなければそれでよいのです。贅沢はいけません。身だしなみに気をつけなさい。見苦しい服装で人と会ってはいけません。

少しでも時間があれば、本を読みなさい。決して嘘をついてはいけません。嘘を言うことに慣れてしまうと、仲間から見放されます。友だちを選びなさい。学問をするのが、よい友です。人の善悪は、友だちによって決まります。遊んでばかりいる友だちは、選んではいけません」

タメになる内容も少なくない。が、残念ながら、最近の研究では、この家訓も早雲作かどうか、かなり疑わしいのである。

氏綱から始まった「北条」という名乗り

以上、北条初代の早雲の生涯を見てきたが、その多くが江戸時代につくられた軍記物などによって、実像が大きくゆがめられ、下剋上の英雄に祀り上げられてしまっていることがわかる。

じつは、北条五代百年の繁栄の礎を築いたのは、二代北条氏綱なのである。

早雲が没する永正十六年（一五一九）に当主となった氏綱は、このとき三十三歳であった。早雲の拠点・伊豆の韮山城は、関東への進出を目指す氏綱にとって西に偏りすぎていた。このため、相模国の小田原城を本城とし、意欲的に領土を拡張していった。

そんな新興勢力の氏綱を阻んだのが、「古河公方《こがくぼう》」と「両上杉」の伝統的権威であった。

室町時代、関東は鎌倉府という幕府の重要機関が支配していた。その長官を鎌倉公方といい、足利尊氏《あしかがたかうじ》の血筋を受け継ぐ者がその職についた。そんな鎌倉公方を補佐して政務を担うのが関東管領《かんれい》。こちらも代々、上杉氏がその地位を継承してきた。

だが、十五世紀半ばになると、鎌倉公方は古河公方と堀越《ほりごえ》公方に分立、さらに関東管領の山内上杉氏のなかでも内部分裂が起こり、同族である相模の守護大名扇谷《おうぎがやつ》上杉氏などを含め、入り乱れて相争うようになってしまう。

ただ、茶々丸（堀越公方の子）を滅ぼした早雲が関東に侵攻してくると、古河公方や両上杉家といった伝統的な権威が、次第に反北条で結束するようになった。彼らは早雲・氏綱父子を「他国の凶徒」とさげすんだ。

これに対抗すべく氏綱がとった手段は、京都の朝廷や幕府とつながることであった。摂関家の近衛尚通《このえひさみち》などを通して従五位下・左京大夫《さきょうだいぶ》の位階を獲得したのだ。五位は貴族の地位、左京大夫は戦国大名に与えられる職だった。さらにその後、氏綱は近衛尚通の娘・北《きた》の藤《ふじ》を正妻に迎えた。しかも、北の藤の妹は第十二代将軍・足利義晴《よしはる》の正室であった。そう、氏綱は将軍と義兄弟になったのである。

当時、地方の武士たちは、まだまだ朝廷や幕府の官位を尊び、貴族や将軍とつながる人間を「貴種《きしゅ》」とあがめる傾向が強かった。父の早雲が京都出身ゆえ、氏綱はそれをよく理解し、京都の威光を存分に利用したのであろう。

それだけではない。氏綱は伊勢という苗字を捨て、「北条」を名乗った。意外なことだが、初代の早雲は自らを北条と称したことはなかった。氏綱から始まった名乗りなのである。

周知のとおり、これは、鎌倉幕府の将軍より大きな力を持った執権北条氏にちなんだものだった。自分を、かつての関東の支配者になぞらえることで、支配の正当性をアピールするのが狙いだった。それにしても、よくぞ伊勢という室町幕府重臣の姓を捨てたものである。関東という新天地に骨を埋めようとする氏綱の決意がよくわかる。

ただ、勝手に氏綱が北条姓を名乗ったところで、関東の武士たちは誰も相手にしないだろう。ゆえに氏綱は、幕府や朝廷の認可を得たうえで北条を称したのである。

四代先まで引き継がれた民を思う政治

氏綱は、古河公方・足利晴氏《はるうじ》と結んでその敵を滅ぼしたので、晴氏から信用され、関東管領に任じられた。こうして、関東における伝統的権威も手に入れたのである。しかも氏綱は、のちに晴氏に自分の娘・芳春院《ほうしゅんいん》を嫁がせ、古河公方家の外戚になった。このように、何重にも高い地位や権威を身にまとったことで、もはや関東の武士たちは、北条氏綱を「他国の凶徒」とさげすむことはできなくなった。

また氏綱は、三嶋大社、伊豆山権現、寒川《さむかわ》神社、箱根大権現、相模の六所宮《ろくしょぐう》など、勢力下に置いた寺社の修理や再建を次々に手がけていった。さらに頼朝が崇拝したことで、関東の武士からシンボリックな存在になっていた鶴岡八幡宮の再建も始めた。このおり、朝廷の近衛家とのコネクションを活かし、奈良から有能な大工たちを関東に連れてきている。

関東は長年戦乱が続き、鶴岡八幡宮は荒れ果てていた。それを、およそ十年かけて見事に再生したのである。これは、関東に平和をもたらしたことを誇示する象徴的な事業といえた。

「氏綱に従えば安泰である」

そういった思いを関東の武将たちに与えたに違いない。

氏綱の領国支配は、極めてスムーズにおこなわれていた。複雑な税制度を簡素化したり、徳政令を発して飢饉で苦しむ領民の借金を帳消しにしたり、質入れした田畑を取り戻すことを認めてやったからだ。また、必要以上に重い税をかける代官や領主がいたら、直接自分に訴え出てよいとする「目安制《めやすせい》」という仕組みも整えた。このため、領民は北条氏の統治に満足し、飢饉でも大規模な一揆が起こることはなかった。

氏綱の領民に対する姿勢は、早雲が最晩年に使用するようになった虎の印判に象徴されている。領国の村々に宛てた印判状には、虎の姿と「禄寿応穏《ろくじゅおうおん》」と記された印が押された。

この四文字の意味は、「禄（財産）と寿（命）がまさに穏やかであるように」、つまり領民の財産と生命は守ると約束しているのだ。長年続く戦国の世において、民は頻発する戦で命や財産を容赦なく奪われてきた。

そんな民を憐れみ、守ることこそが大名としての務めなのだという決意が、虎の印には込められていた。この氏綱の精神は、氏康《うじやす》、氏政《うじまさ》、氏直《うじなお》へと引き継がれ、虎の印判状は北条が滅亡する天正十八年（一五九〇）まで発給され続けた。

お家の安泰より義理を優先せよ

天文十年（一五四一）七月十七日、北条氏綱は五十五歳の生涯を閉じた。亡くなる二カ月前、嫡男の氏康に対して五カ条の遺言（置書）を与えた。

かなり長文なので、各条をかいつまんで紹介しよう。まずは冒頭で氏綱は、

「氏康よ。お前はすべて私より勝っていると思う。だから今さら言うことでもないが、古人の金言名句は聞いても忘れてしまうかもしれないが、親の書きとめたことなら覚えておいてくれるだろう。そこで、書いておくよ」

と記している。氏綱の奥ゆかしい人柄がよく表れている。

そして、いよいよ氏綱は、次のように遺言を語り出す。

「大将のお前だけでなく、家臣にも義を守らせなさい。義に背くおこないをしてはならない。たとえ一国、二国を支配下におさめても、義を守らなければ後代の恥辱になるからだ。天運が尽き北条が滅亡したとしても、義理を違えないように心得ていれば、後世の人々に後ろ指を指されることはないものだ。

お前が天下を手に入れたとても、やがては滅ぶもの。人の命なんてわずかのあいだのことだから、下卑《げび》た心を持たないようにしなさい。昔の物語を見てもわかるとおり、義を守って滅亡するのと、義を捨てて繁栄するのとは、天地の違いがある。大将がそうした気持ちを持っていれば、家臣たちも義理を思うはず。無道のおこないをして利を得た者は、必ず天罰を受けるものだよ」

このように氏綱は、「北条が亡びてもいいから、後世に悪評が残る行為はするな」と諭す。お家の安泰よりも、北条という名の歴史的評価を優先させているのは驚きである。

続いて第二条である。

「家中から領民にいたるまで、必要のない人間はいない。器量や弁舌、才覚が優れていても、武勇に秀でていない者もいる。逆に何をやらせてもダメなうつけ者でも、戦いで剛勇を見せる者もいる。だから誰一人、捨てるべき者などはいないのだよ。役に立つ者だけを用い、役に立ちそうにないい人間をうつけと見限っては、大将としては失格だ。そんな狭い心を持ってはいけない。

どんな者にも憐れみをかけなさい。役に立つか立たないかは、すべて大将の心にあるのだ。賢人は稀である。大将がしっかりした見識を持っていなければ、賢人を見誤り、聞き誤るだろう。能興行するに、大夫《たゆう》に笛を吹かせ、鼓を打たせてはとても見物できるものではない。やはり大夫に舞わせ、笛や鼓はそれ専門の者がおこなうことで成立するもの。国持大将が家臣を召し使うというのは、こうするものなのだ」

このように氏綱は、大将たるものは家臣を決して見放さず、各自の性向をしっかり見定め、適所適材に配置せよと氏康に教えているのだ。

勝って兜の緒を締めよ

続いて第三条である。

「侍たる者は驕《おご》らず諂《へつら》わず、己の分を守るべきである。五百貫取りの武士が千貫の者を真似てはならない。禄は天から降ってきたり、地から湧いてくるわけではない。凶作の年もあるだろうし、軍役が多い年もあるだろう。火事にあったり、養う親類が増えたりすることもあるはず。そうなれば、千貫の武士も九百貫や八百貫に減ってしまう。それでも分を超えた生活をしようとすれば、農民に無理な税をかけたり、商人から利潤を吸い上げたり、博奕《ばくち》で稼ごうとするようになる。このように北条の家臣が贅沢を好み、大身《たいしん》の暮らしをすれば、借金がかさみ、ひいては農民や町人に負担をかけて潰すことになる。

それに、われらが贅沢をすれば、農民たちも華美を好むようになる。しかも武士に重税をかけられたら、彼らは家や田畠を捨てて他国へ走ってしまう。残った農民も、武士に思い知らせてやろうと一揆を企むはず。こうして国中が貧しくなると、大将のお前は弱くなる。ちょうど関東管領の上杉家はそんなふうだった。よくよくそれを心得え、とにかく家中に分を守らせ、贅沢をさせてはいけない」

このように、家中に節度ある生活をさせる大切さを説いたのである。

さらに第四条では、分を守ることに加えて「万事、倹約を守るべし」と、倹約の徹底を説いた。

「華美な生活をするには、民から貪《むさぼ》る以外、費用の出所はない。倹約を守っていれば民を痛めつけることはなく、武士だけでなく百姓も富貴《ふうき》になる。国中が富貴であれば、軍は強く合戦の勝利は疑いない。亡父・早雲殿は、小身より立身し、天性の福人と世間に称賛された。たしかに天道の冥加《みょうが》（運がよい）とはいえ、栄達できたのは第一に倹約を守り、華麗を好まなかったからなのだ。早雲殿は、『すべて武士は古風なるをよしとするものだ。当世風を好むのは軽薄者である』と常々おっしゃっていた」

このように質素倹約による富国強兵が、早雲以来の北条家の伝統だと述べている。

さて、いよいよ最後の第五条である。

「手際よく合戦で大勝利を得たのち、驕りの心が生まれて敵を侮《あなど》り、あるいは、不行義なことをしでかすことが必ずある。これをぜひ慎みなさい。慢心によって、昔からどれだけ多くの家が滅亡してきたことか。合戦だけではなく、この心構えは万事に通ずるものぞ。勝って兜の緒を締めよ、ということを忘れてはいけない」

「勝って兜の緒を締めよ」

よく知られる慣用句だが、このフレーズは氏綱の遺訓（遺言）が初出なのである。

このように、二代氏綱は三代氏康に見事な遺言を残したのだった。

非常のときには非常の法をもって対処すべし

氏綱の死から五年後の天文十四年（一五四五）九月、三代目氏康は最大の危機にみまわれた。関東管領の上杉憲政《のりまさ》に武蔵国河越《かわごえ》城を包囲され、同時に今川義元《よしもと》にも駿河国長窪《ながくぼ》城を囲まれてしまうのだ。しかも、古河公方の足利晴氏が加わったこともあり、敵軍は八万という大軍に膨れあがった。そのうえ、義元に呼応して甲斐の武田信玄が駿河に襲来してきたのだ。

このとき、氏康は信玄に和睦を申し入れ、敵対する義元との仲介の労をとってもらい、長窪城主を切腹させ、義元に駿河の河東地域を差し出す起請文《きしょうもん》を提出した。思い切って長窪城を捨て、河越城の救援に専心する決断を下したのである。

この戦いは一次史料が少ないので、ここからは『関八州古戦録』や『北条五代記』など、後世の編纂資料をもとに書き進めていく。

こうして河越城下に着陣した氏康は、足利晴氏に対し「河越城は差し出すので、城兵の命を助けてほしい」と依願。同じく敵将の上杉憲政にも泣きついた。ほくそ笑んだ憲政は、これを拒絶し氏康に攻撃を仕掛けてきた。すると氏康はあっけなく退却した。その後も上杉軍が来るたび、氏康はすぐに兵を引いた。憲政は「なんという臆病者だ」と大笑いしたというが、それこそが氏康の狙いだった。

じつは、この頃氏康は、敵陣に商人や遊女をたくさん送り込み、相手が連日酒盛りをするように誘導していた。

「今や敵は完全に安心し、弛緩《しかん》し切っている」

そう判断した氏康は、家臣たちに豪勢な食事を与え、その夜、にわかに全員を集めて次のように伝達した。

「月が雲に隠れた。今が好機。今宵、敵陣に夜襲を決行する。八千の軍を四隊に分け、一隊は遊撃隊として多米大膳亮《ためだいぜんのすけ》に預ける。多米隊は戦いが完全に終わるまで、一兵たりとも動いてはならぬ。ゆっくり戦見物しているがよい。先鋒隊は大軍のなかに一気に乱入せよ。敵が乱れたところを、第二隊が後から入って敵を切りまくれ。そして第三隊が敵陣に突入したとき、先の二隊が引き返して合流し、鬨《とき》の声を上げて縦横に暴れ回れ。取った敵の首は奪わずに、捨て置け。味方の目印として肩に白布をつけよ」

このように氏康は「夜戦は、敵味方の区別がつかないのでおこなわない。恩賞の印として、取った首は必ず持ち返る」という、二つの戦国の常識を破ったのである。非常のときには非常の法をもって対処する。それを熟知していたのだろう。

最後に氏康は、「たとえ戦いの真っ最中であっても、ホラ貝の音を聞いたら、ただちに退却すること」と兵たちに念を押した。こうして夜中、北条軍は敵に密かに近づき、一斉に攻めかかった。

弱兵がまさか攻めてくるとは夢にも思わなかったから、上杉・足利連合軍は驚天動地の混乱ぶりを見せた。武器を持たず、寝床から裸のまま逃げ散る兵が続出。また、味方を敵だと思って同士討ちも相次いだ。この一戦に北条の命運を賭けていた氏康は、自ら刀をかざして敵陣へ躍り込み、縦横無尽に駆けまわって一人で十余人をなぎ倒したという。これを見て兵たちも奮い立った。

こうして上杉軍はたちまち壊走し、合戦は北条方の大勝利に終わった。それからまもなく、本陣に残っていた多目大膳亮が氏康の指示でホラ貝を吹いた。引き上げの合図だ。北条方の兵たちは、逃げる敵を追いかけたい衝動にかられたが、厳命に従い、仕方なく本陣に撤収した。

この引き際は、的確な判断だった。というのは、いったん崩れ去った上杉軍は、氏康の軍勢が寡兵なのを知り、後方で部隊を立て直し、襲来した北条軍を迎撃しようと手ぐすねを引いていたからだ。もし勝ちに乗じて氏康が追撃を許していたら、間違いなく北条軍は逆襲をくらっていたはず。

「勝って兜の緒を締めよ」

氏康が父・氏綱が残した家訓を肝に銘じて行動したことが、最大の勝因だったといえるだろう。こうして見事なリーダーシップによって北条氏康は十倍の敵をやぶり、北条氏の領国支配を安泰にしたのである。

西《に》川《かわ》家《け》

商人、寝具製造販売
1566年～現在

大胆な業態転換を支え続けた「近江商人の掟」

家系図

初代 西川仁右衛門 ― 2代目 甚五郎 ― 3代目 利助 ～ 15代目 八一行

11代目甚五郎

河合先生の　ここがポイント！

広辞苑によれば、老舗とは「先祖代々から続いて繁昌している店」をいうそうだ。長年続くには理由があるはず。そこで今回は、老舗である西川産業株式会社をフィーチャーして事業継続の秘訣に迫ろうと思う。

同社は「ふとんの西川」のイメージが強いが、もともとは江戸時代から続く近江商人の家柄である。創業は、初代の西川仁右衛門《にえもん》が永禄9年（1566）に行商を始めたときまにでさかのぼる。

仁右衛門は他の近江商人同様、近江の特産物を能登で売り、得た金銭で能登の海鮮魚を買い、地元近江で売りさばいた。近江は海鮮魚が入手しにくいので、北陸の魚は高く売れるのだ。このように地域の需要と価格差を利用して儲けるのが近江商人のスタイルなのだ。

西川家が老舗になれたのは、その時代に応じて扱う商品や販売方法を柔軟に変化させたからであった。

二代目が生み出した江戸の大ヒット商品

山形屋を経営する西川仁右衛門は、五人の息子たちを交互に伴って、能登国鹿磯《かいそ》まで蚊帳や畳表を売りに出向いた。だが、大坂夏の陣で豊臣家が滅亡した元和元年（一六一五）、「将軍のお膝元」として今後発展する江戸に支店を出した。それが日本橋の⛬店《つまみだな》である。

仁右衛門が山形屋を継がせたのは長男の市左衛門《いちざえもん》ではなく、四男の甚五郎《じんごろう》だった。最も商才のある息子を選んだのだろう。なお、長男の市左衛門は、能登で結婚してそこに住みつき、西川本家を助けることになった。市左衛門が本家の商売に介入せぬよう、あえて仁右衛門がそうしたのかもしれない。

次男の弥兵衛《やへえ》は新たに嶋屋《しまや》を創業。三男の九右衛門は西川の分家となり、五男の七郎兵衛《しちろべえ》は釘貫屋を開いた。このように初代仁右衛門は、息子たちの暮らしが立つようにしてやったのだ。家督を譲ってからも仁右衛門は元気に過ごし、九十六歳まで長生きして正保元年（一六四四）に亡くなった。

二代目甚五郎は、初代仁右衛門が後継者に選んだだけのことはあった。山形屋（西川家）

の経営を長年安定させたヒット商品を開発したからである。それが、蚊帳《かや》であった。

蚊帳は近江の特産品だったが、甚五郎はそれにちょっとした工夫を凝らしたのだ。それまで麻糸だけで編まれていた蚊帳を、鮮やかな緑色（萌黄色《もえぎいろ》）に染め上げ、縁に紅布をつけて「近江蚊帳」として売り出したのだ。

甚五郎がこのデザインを思いついたのは、箱根の山越えの途中であった。日中の暑さを避けるため大樹の陰で休憩していると、ついついウトウトしてしまった。周囲を若葉に囲まれていたこともあり、仙境にいるような心地よさを感じた。やがて目を覚ました甚五郎は、思わずハッとなった。

「この若葉の色を蚊帳に応用すれば、すこやかに眠りに落ち、爽やかに目覚めることができるはず」

そう思いついて萌黄色の蚊帳をつくって売り出したところ、爆発的に売れたのである。さらに甚五郎がスゴいのは、斬新な販売方法を考案したことだ。

蚊帳の入った紙張の籠をかつがせ、二人一組で街中を歩かせたのである。しかも、そろいの菅笠《すげがさ》と真新しい半天を身につけさせ、清潔さをかもしださせたのだ。さらに売り声を特殊なものにした。「萌黄ノカヤァ～」と高い声で長々ととなえさせ、ゆるゆると歩ませたのである。とくに美声の者を選んで売り子に採用し、数日間売り声の練習をさせたうえで、町に出したという。

たちまち山形屋（西川）の蚊帳は有名になり、

「一声を花の東の町々に残してゆくか山ほととぎす　空も青葉のすだれ越し　萌黄の蚊帳や、蚊帳や母衣蚊帳《ほろがや》　涼しい風が来るわいな」

というように、当時の小唄にも謡われるようになった。

こうして売筋商品を開発・販売した二代目甚五郎だが、跡を継ぐ男子に恵まれず、長兄の市左衛門の長男・利助を養子として三代目を継がせた。これにより、西川家の当主は、長男の血統に移ったわけだ。

M&Aと業態転換で西川を蘇らせた五代目

三代目利助、四代目利助（三代目の長男）の時代は、現存する帳簿の写しを見ると、右肩上がりに利益が上がっており、西川の順調な発展期だったことがわかる。とくに四代目利助は、一族の嶋屋や釘貫屋と共同出資して、日本橋一丁目に支店「松店」を開いたり、叔父たちと共同で下総国佐原《さわら》に出店を出すなど、その経営を拡大していった。

佐原の店では畳表や蚊帳だけでなく、酒や油、古着なども扱い、江戸近郊へも商いを展開した。このように三代目と四代目は、同族と手を結びつつ、リスクヘッジのために蚊帳以外の品物に手を広げていったのである。

さて、西川家の五代目だが、三代目の三男である甚七が継ぎ、名を利助と改めた。四代目と同じ名前を継承したのだ。ちょうど時代は、倹約を奨励した八代将軍吉宗《よしむね》の享保改革がおこなわれていた。緊縮財政なので江戸の町は不景気に見舞われ、西川家の経営も苦しくなっていった。しかし理由は、それだけではなかった。蚊帳をあつかう新興問屋が次々と生まれ、幕府がそれを公認したことも一因だった。ライバル企業が経営を圧迫するようになったのだ。

このとき五代目利助は、商売の規模を縮小するのではなく、思い切ったM＆Aに乗り出したのである。まずは、経営が傾いていた京橋の弓問屋（木屋久右衛門店）を商品ごと居抜きで買取り、店員もそのまま引き継いだ。

さらに寛保元年（一七四一）、近江屋長兵衛から弓株（弓の販売権）を買い取り、木屋久右衛門店を㊄店《かくまんだな》として独立させた。同時に京都の下地（弓づくり職人）と弓の販売契約を結び、京都の弓問屋・近江屋新四郎を通じて京都の弓を独占的に仕入れ、江戸で売り始めたのである。

天下泰平の江戸時代中期に、どうして武器である弓に将来性を見いだしたのかわからない。いずれにしても五代目利助は蚊帳に見切りをつけ、主力製品を弓へと業態転換したのである。

やがて利助は延享二年（一七四五）、七女おしまの婿に高野屋の長五郎という商人を迎え、彼を六代目利助とした。この時期、近江屋新四郎が借金を抱えたので、六代目利助はその弓問屋を買取り、西川の京店として独立させた。以後、江戸における京都産の弓は、西川が独占的に販売するようになった。

画期的な保険、ボーナス、そして一族の掟

七代目利助は、六代目の長男であった。七代目の時代は、田沼意次《たぬまおきつぐ》が重商主義をとったことで新興商人が勃興し、山形屋（西川）のライバルが増えて利益が落ちてきた。しかもその後、寛政改革によって緊縮政策がしかれたため、江戸に出店していた近江八幡商人の

郵便はがき

料金受取人払郵便

牛込局承認

9026

差出有効期間
2025年8月
19日まで
切手はいりません

162-8790

東京都新宿区矢来町114番地
神楽坂高橋ビル5F

株式会社ビジネス社

愛読者係行

ご住所 〒 TEL: (　　) FAX: (　　)		
フリガナ お名前	年齢	性別 男・女
ご職業	メールアドレスまたはFAX メールまたはFAXによる新刊案内をご希望の方は、ご記入下さい。	
お買い上げ日・書店名 年　月　日　市区町村　書店		

ご購読ありがとうございました。今後の出版企画の参考に
致したいと存じますので、ぜひご意見をお聞かせください。

書籍名

お買い求めの動機

1　書店で見て　2　新聞広告（紙名　　　　　　　　　）
3　書評・新刊紹介（掲載紙名　　　　　　　　　）
4　知人・同僚のすすめ　5　上司・先生のすすめ　6　その他

本書の装幀（カバー），デザインなどに関するご感想

1　洒落ていた　2　めだっていた　3　タイトルがよい
4　まあまあ　5　よくない　6　その他（　　　　　　　　　）

本書の定価についてご意見をお聞かせください

1　高い　2　安い　3　手ごろ　4　その他（　　　　　　　　　）

本書についてご意見をお聞かせください

どんな出版をご希望ですか（著者、テーマなど）

店は、十四軒から五軒に激減してしまったという。西川家にとっても、創業以来最大の危機であった。

しかし、七代目利助は、経営システムの大改革によって見事にこの危機を乗り越えたのである。

具体的には、積立金制度、三ッ割銀制度、別家制度を制定したのだ。

「火事と喧嘩は江戸の華」というように、とにかく江戸の町は火事が多かった。江戸の中心部は十年で丸焼けになるくらいの面積が焼失したといわれる。

七代目利助が家督を継いだ翌年の明和九年（一七七二）、目黒行人坂《めぐろぎょうにんざか》の大火によって、西川の[万]店と[⁙]店が両方とも焼失してしまった。

ただ、西川の店舗が燃えたのは、これが初めてではない。あくまでも元禄以降の記録でしかないが、なんと[万]店は六回、[⁙]店は三回、火事や地震のために燃えたり大破したりしているのだ。当時は火災保険や地震保険がないので、再建費は全額、自己負担だった。しかも火災は予想外の出来事だから、突然、巨額の経費を支出しなくてはいけない。

そこで、七代目利助は次のような仕組みを考案した。

「経営利益の一部や地代をコツコツ積み立てる。その金銭を確実な担保をとって貸しつける。利子が一定額に達した段階で、土地や屋敷を新たに購入する。さらに、それをまた貸しつける」

こうして貯めた金銭を、店が焼失したさいの再建費、仏事費用、不意の準備金としたのである。

一方、三ッ割銀制度とは、奉公人（店員）のやる気を出させるための賞与制度だ。

毎年二回の決算期の純利益のうち、その三分の一を奉公人（店員）たちに分配するのだ。現代でいうボーナスのようなものと考えてよい。しかも純利益が増えればボーナスも上がる。だから当然、店員たちは年二回の賞与額を増やすそうと、がんばって働くようになる。

ところで、㊄店の奉公人は、文化・文政期の記録では、九十五％以上が西川家の地元である近江出身だった。これは江戸時代の商家の特色でもあった。基本的に国元採用なのだ。

奉公人の多くは九〜十四歳の少年であった。七年間勤めると、「初登り」といって一カ月間休暇をもらい郷里の近江に帰る。そして西川本家の当主に挨拶し、実家の親元でゆったり過ごし、再び江戸の店に戻る。ただ、勤務態度や実績が悪いと、お呼びがかからず、そこで解雇となる。以後、五年ごとに「三番登り」まで勤め上げると、別家（分家）として独立が認められる。

七代目利助は、別家についての制度（別家定法目録之事）も明文化し、その権限や義務を明確にした。こうして一族と別家が西川家全体を支える体制を構築したのである。

その規則のなかに、こんな一文がある。

「御家督人（西川家当主）、時之感光ヲ以《もって》、諸事何事ニ寄ラズ新規之義出来仕候ハ、従令《たとい》善悪ニ限ラズ、相止メサセ申ス可ク候、尤《もっとも》別家トモヘ一統相談之上ハ得ト相考、末々定法トモ相成可《あいなるべ》キ事ニ候ハ取行猥《みだ》リニハ致サセ間敷事」

わかりやすく意訳すると、別家は西川家の当主が新しいことを始めようとしたら、これを止める権限を持っているというのだ。ただ、当主が事前に相談してきた場合のみ、それが将来的に西川全体の利益になるとわかれば許可するとしている。

すなわち、当主といえども一族や別家の許可なく、新規の企画を進めることができなかったわけだ。このような規制がよいのか悪いのか、その判断は難しいが、少なくとも西川家が今なお発展しているのだから、同家にとってはプラスに働いたのは間違いないだろう。

さらにスゴイのは、次の条文である。

「御家督人、万一御先祖之御厚恩忘失之アリ、御定法之趣相背カレ候ハ、別家共一統立合相談之上、御先祖御厚恩之位ヲ以《もって》、憚《はばか》リ乍《なが》ラ厳敷《きびしく》諫言仕《つかまつり》、其上聞入ナク御身持惰弱、日々増上仕候ハ、遠慮ナク御隠居申付クベキ事」

このように、当主が先祖代々の恩を忘れて、西川家の掟に背いたときは、別家は当主に厳しく諫言することが許されていた。それでも耳を貸さなかったら、当主に隠居を申しつけることも可能だったのだ。今でこそ、取締役会で社長を解任できるが、江戸時代としてはかなり画期的な規則だといえよう。

一方で、当主の別家に対する権限も強かった。

別家の家督相続については、本家（当主）の許可が必要だった。実際、本家がこれを不可とした事例も存在する。

明治になって初めて売り出したふとん

こうして改革によって西川家を再建した七代目利助は、享和二年（一八〇二）に引退し、長男の宗十郎に八代目を譲った。

ところがこの宗十郎、経営に身を入れず、大金を使って華美な生活を送り、なんと、数年間家出したこともあった。そこで七代目がつくった「別家定法目録之事」にのっとって、西川一族や別家が厳しくその怠慢を責めた。けれど、宗十郎の態度が改まることはなかった。これにより文化九年（一八一二）、七代目利助が定めた別家定法目録之事にのっとり、宗十郎は強制的に隠居させられたのである。

なんとこのとき、七代目利助はまだ存命だった。

「只、親之生育柄悪敷《あしく》ト申ヨリ外ハ之ナク、辱入斗ニ候《はじいるばかり》（ただ、親の育て方が悪かった。大いに恥じている）」と一族に書状を出している。

まさか自分がつくった規則が適用され、わが子が当主の地位から落ちるとは夢にも思わなかったろう。とはいえ、こうした仕組みがあったからこそ、西川家の代々の当主は、きちんと責任を持って経営をおこない、店を永続させることができたわけだ。

九代目には、七代目利助の次男・甚四郎の長男・甚五郎が就任した。わずか八歳であったが、七代目利助は亡くなる文政八年（一八二五）まで、しっかりと九代目を後見し、甚五郎を立派な当主に育て上げた。

九代目甚五郎は、天保改革（一八四一〜四三年）をなんとかしのぎ、長女しほに甚三郎（蒲生郡中野村小島弥左衛門の八男）という養子を迎えて、彼を甚五郎と改めさせて西川十代目とした。

だが、三十二歳のときに没してしまい、甚五郎の次男がわずか五歳で十一代目を相続した。このため、九代目甚五郎や西川一族が補佐する体制がとられ、明治維新を迎えたのである。

さて、「ふとんの西川」と謳われている西川産業は、まことに意外だが、江戸時代はふとんを販売していなかった。ふとん販売を開始したのは、明治二十年代からなのである。じつは、ふとんが庶民に普及するようになったのは明治になってから。そんなふとんに、十一代目甚五郎は将来性を見いだしたのだろう。

実際、ふとんは西川の主力商品の一つとなり、大正時代末には、年間販売高の半分をふとんが占めるほどになった。こうしてふとんやモスリン（羊毛や綿を使った織物）の利益で、西川家は鉄筋五階立てのビルを建てた。ところが、それから三カ月後の大正十二年（一九二三）九月一日、関東大震災に見舞われ、ビルは商品とともに全焼してしまったのである。

だが、十二代目甚五郎は、京都と大阪の支店から船で大量に東京へふとんなどの商品を送らせ、焼け出された人々のために廉価で販売した。これ以後も西川は何度も危機を乗り越え、現代も寝具メーカーの最大手として君臨し続けている。

西川が成功したのは、巧みな工夫で蚊帳をヒット商品に育て上げ、経営が安定すると、扱う商品を増やしてリスクを減らし、売り上げが伸び悩むと、思い切って主力商品を弓、そしてふとんに切り替えたからであった。

さらに火災時の保険制度の構築、店員の意欲を引き出す賞与システムを考案するとともに、重役たちの判断でトップを解任して店を守る仕組みをつくり上げた。このように、常に時代に即応して変化する勇気を歴代の当主や重役たちが持っていたからこそ、老舗として今も存続しているのであろう。

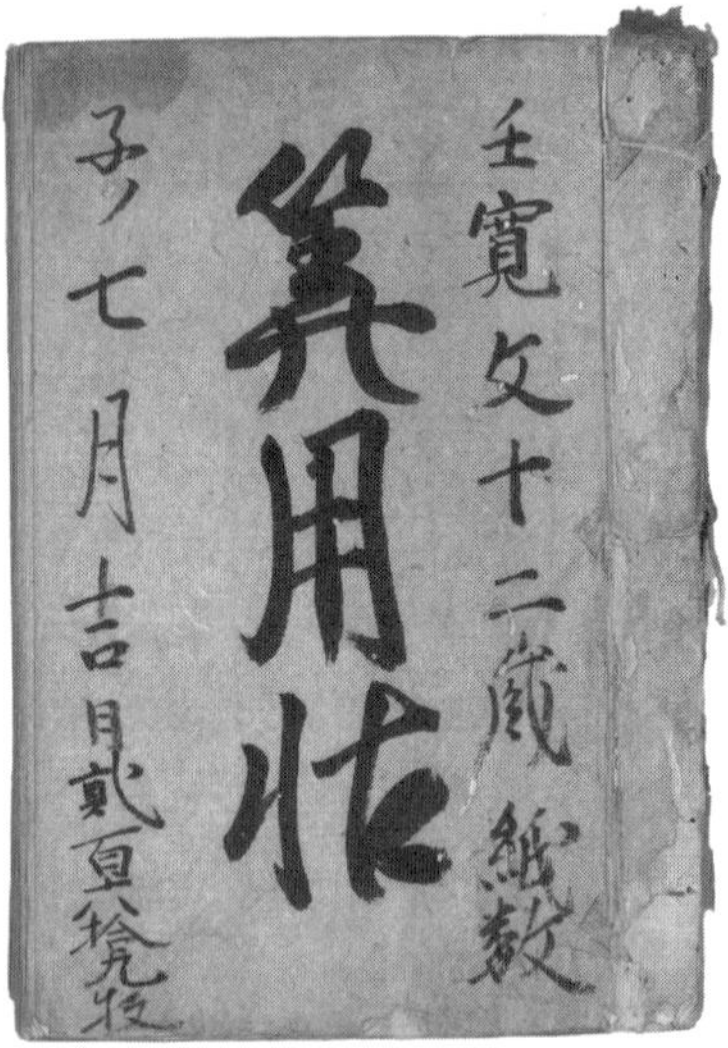

寛文12年（1672）、2代目甚五郎から3代目利助の頃のもので、日本最古級といわれている決算書「算用帳」。西川家には寛文7（1667）年からの勘定帳が残されている。

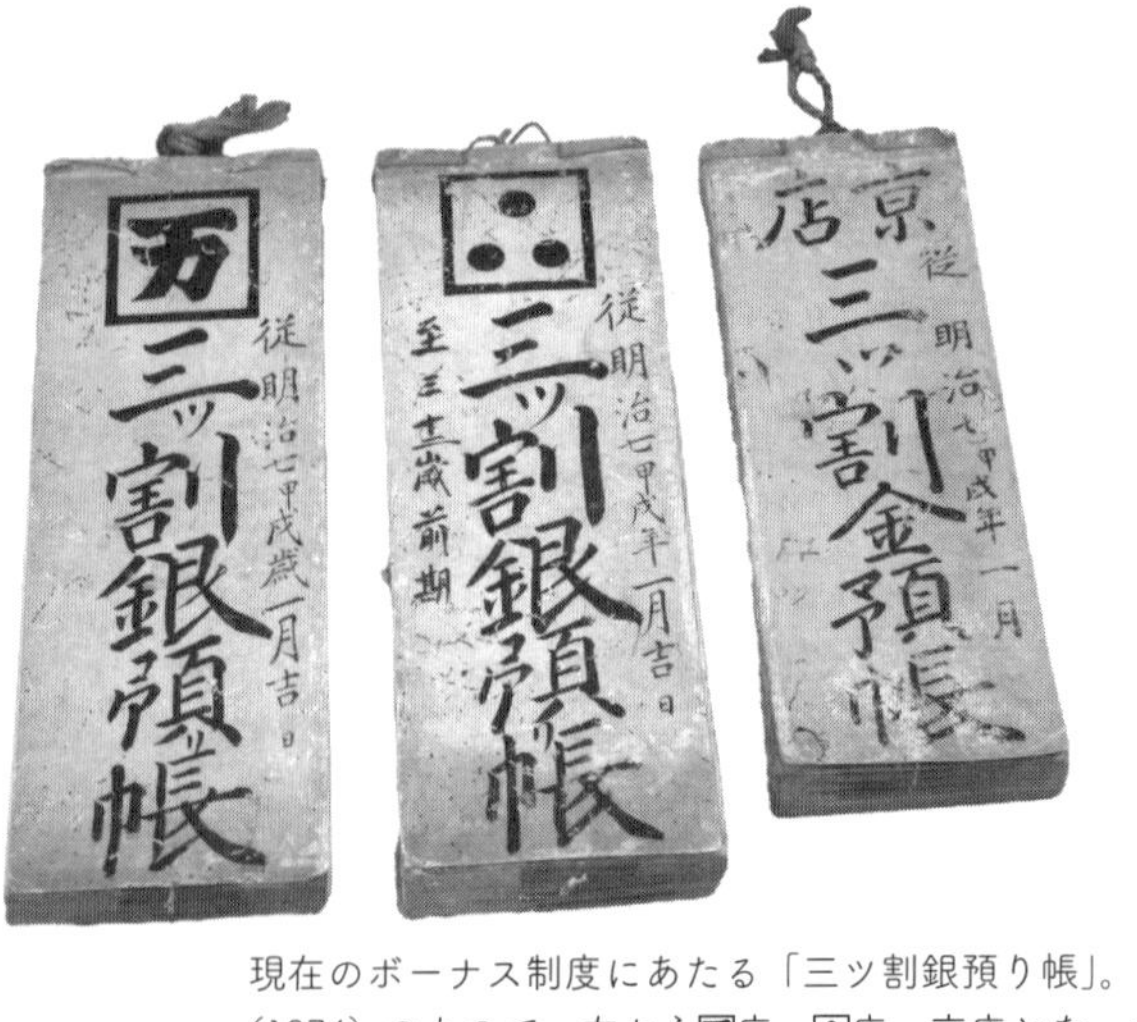

現在のボーナス制度にあたる「三ツ割銀預り帳」。明治７年（1874）のもので、左から万店、∴店、京店となっている。

第4章

情熱だけでは担保できない「教えの継承」の理想と現実

▶親鸞
（1173〜1263）

▶吉田松陰
（1830〜1859）

親鸞《しんらん》

僧侶、浄土真宗開祖
1173年～1263年

後世まで届いても
子には届かなかった
「父の教え」

家系図

日野有範 ― 親鸞 ― 範意

親鸞 ＝ 恵信尼

女子
善鸞（慈信房）― 如信
明信
有房
女子
覚信尼

河合先生のここがポイント！

鎌倉時代の親鸞を開祖とする浄土真宗は、何とも不思議な宗派である。

なぜなら、同派の僧は肉食妻帯が許されているからだ。

「そんなことは当たり前だ」

そう思うかもしれない。しかし、明治維新の前は、当たり前ではなかった。魚や獣の肉を食らうのは仏教の殺生戒《せっしょうかい》を破ることになるし、僧侶が女と性行為をおこなう「女犯《にょぼん》」も固く禁じられていたからだ。

だが唯一、浄土真宗はこれを認めていた。始祖親鸞が容認したからである。

だから他の宗派では、法統は師から弟子へと受け継がれていったが、浄土真宗では親から子へと継承させることも可能だった。ゆえに親鸞も長男の善鸞《ぜんらん》を後継者にと考えていたが、最終的に破門することになった。なぜ親鸞は、跡継ぎの育成に失敗したのだろうか。

人々の心を鷲づかみにした「悪人正機説」

親鸞は、承安三年（一一七三）に貴族の日野有範《ひのありのり》の子として生まれた。九歳で比叡山にのぼり仏の道へ進んだが、やがて山を下りて、法然《ほうねん》の弟子になった。専修念仏（ひたすら念仏を唱えれば、人は往生できる）をとなえた法然は、当時、多くの信者を持つ人気の僧だった。

比叡山延暦寺や奈良の興福寺は、法然を目障りに思い、朝廷に念仏停止を訴えた。そこで承元元年（一二〇七）、後鳥羽《ごとば》上皇は念仏を禁じ、法然と弟子たちを配流した。

このおり、親鸞も連座して越後に流されたが、五年後に赦免された。しかし京都へは戻らず、しばらく越後にとどまった後、関東の笠間郡稲田郷（茨城県笠間市）に庵を結んで、念仏の教えを広めた。

親鸞は「たった一度だけ、心から念仏（南無阿弥陀仏）をとなえたら、人は極楽往生できる」と断言したうえ、「阿弥陀様は、悪人を率先して救ってくれる」と、「悪人正機説《あくにんしょうきせつ》」を主張した。

ただ、親鸞の言う悪人とは、悪い人間という意味ではない。「自分は煩悩を捨てきれないダメな人間で、自力では悟りを得られない」と自覚した者をさしている。そうした人々は、全面的に阿弥陀仏の力にすがろうとするから、阿弥陀仏も救いやすいというわけだ。

また、冒頭で述べたように親鸞は肉食妻帯も認めた。親鸞は、

「私も性欲をがまんできずに妻をもち、僧でなくなったのだから、在家（一般人）と変わらない。それに、私のもとに集う人々は、私のおかげで念仏をとなえるようになったわけではない。すべては阿弥陀様のお計《はか》らい。だから、どうして彼らを弟子などといえようか。私には一人の弟子もいない」

そう語り、信者たちを「御同朋《おんどうほう》、御同行《おんどうぎょう》」と呼んだのである。

このように親鸞は、肉食妻帯を許し、仏のもとの平等を説いたうえ、たった一度、心から念仏をとなえたら極楽へ行けると断言した。

この教義は、人々に極めて魅力的なものに映った。だから、親鸞のもとには大勢が救いを求めて殺到するようになった。熱心で有力な門徒たちは親鸞の教えを貪欲に学び、道場（他宗でいう寺院）を開き、信者を集めるようになった。

こうして親鸞教団が強大化していった嘉禎元年（一二三五）、親鸞は二十年近く住んだ関

東を去り、故郷の京都へ戻った。六十三歳のときのことである。

主著である『教行信証《きょうぎょうしんしょう》』を完成させるため仏典が豊富な都へ戻ったのだとか、還暦を過ぎて望郷の念にかられたのだという説もある。ただ、有力なのは、鎌倉幕府が念仏に警戒の念を向け始めたからだというものだ。

この頃、念仏の信仰者（親鸞の信者以外も含めて）に、親鸞の悪人正機説を都合よく解釈する者が増えていた。その字面どおり、悪人を悪い人間、ダメな人間と解釈し、わざと悪さや酒飲肉食をしたり、平然と異性とみだらな行為にふけったりする者が現れたのである。

一度だけ念仏をとなえれば救われるのだからと豪語し、領主や名主に反抗して年貢を納めぬケースも続出した。ゆえに、幕府も念仏の信者たちを見過ごすことができなくなっていたようだ。

親鸞は、こうした行為をなす者を「獅子身中《しししんちゅう》の虫」、「地獄にも落ち、天魔ともなり候」と非難した。たとえ有力な門弟であっても、間違った教えや異端の教義を説く者は遠ざけたのである。

「異端」の沼にはまっていった息子

親鸞が関東から去ったことで、残された門徒たちは寄りどころを失った。さらに数年の月日が流れると、異端の者が増加したり、道場主（有力門徒）たちが勢力争いしたりするようになった。

その背景には、道場主への信者のお布施（志納《しのう》）が関係していた。なかには金銭欲しさに「お布施の多寡によって、死後、大きな仏になったり小さな仏になったりする」と偽る道場主も現れた。また、立派な伽藍《がらん》を建ててはならないと諭す親鸞の教えを破って、壮麗な道場を建てて信者を集める不埒な者も出てきた。

こうした関東の混乱を、手紙を通じて信者から伝えられるようになったが、親鸞はすでに老齢の身。自ら下向して事態を沈静化する体力はなかった。そこで、自分の分身として信頼している長男（次男説あり）の慈信房《じしんぼう》善鸞を名代として関東へ送ることにしたのである。

このとき善鸞は、四十代半ばになっていたと思われる。ずっと親鸞の近くにいて、その教義もしっかり理解していた。

しかし、善鸞がいざ関東へ出向いてみると、信者の多くが師をそしり、親をののしり、同行をあなどり、念仏の教えを軽んじる状況になっていた。驚いた善鸞は、父・親鸞の期待にこたえるため、こうした間違った考え方を正そうと努力した。けれど、人々は善鸞の言葉に耳を傾けようとしない。こうして成果を上げられぬまま、時間だけが過ぎていった。

そこで焦った善鸞は、「煩悩から脱することのできない私たち凡人は、強いて悪業を止めなくてもよいのだ」と言い始めてしまう。耳当たりのよい言葉で人々を引き寄せようとしたのだろうが、それこそが異端の教えといえた。

関東の信者たちから連絡を受けたのだろう。親鸞は息子の言動を知り、まさかと思って何度も善鸞に手紙を出して事の次第を問うた。が、ばつが悪いのか、善鸞は返書をしなかった。

一方で、こうした異端の教えは効果があったらしく、善鸞はさらに驚くようなことを口にする。

「信者の皆さんが、これまで道場主から伝えられた親鸞の教えは、すべて間違いです。それは、まるで萎れた花のようなもの。ただちに捨てなければなりません。じつは私は、父の親鸞から密かに秘伝（法文）を授けられました。もしこの教えを知らなければ、あなたがたは決して極楽に往生できません」

そう断言したのである。

もちろん、親鸞から直伝された秘伝など存在しない。つまり善鸞は、信者たちの気持ちを惹きつけるため、とんでもないウソを言い始めたのである。

人は「秘密の～」という言葉に弱いものだ。

このため善鸞の主張は、絶大な効果を持ち始めた。やがて「本当に血を分けた息子だけに教えた秘伝があるのではないか」と信じる者たちが、続々と善鸞のもとに結集していった。これには、正統派の信者たちすら動揺し始めた。親鸞の後継者となる善鸞が、ウソをつくはずがないと思ったからだ。

こうして善鸞は、関東で大教団をつくり上げてしまったのである。

性信房《しょうしんぼう》ら関東の道場主たちは、この善鸞の言説に閉口し、わざわざ京都にいる親鸞のところに出向いてその所業を訴えた。

ところが親鸞は、まさかわが子がそこまでデタラメな教えを広め、関東を乱しているとは考えられなかった。まだ、わが子の裏切りに半信半疑だったのだ。このため親鸞は性信房らに対し、「お前たちの信心が足りないから、そんなふうに考えるのだろう」と、むしろ叱責したという。

しかし、その後も続々と善鸞の異端行為が耳に入ってくる。遠く離れているとはいえ、さすがの親鸞にも、とうとう真実がはっきりと見えてきた。まことに嘆くべきことだが、わが子が平然とよこしまな教えを広めているのを確信したのである。

そこで親鸞は、激しい言葉で善鸞を叱りつける書簡をしたためた。

不敵にも善鸞は、当初、「性信房らが異端を広めているのです」と嘘をついた。その後も恐縮する素振りを見せたり、うまくごまかしたり言い逃れしたりして、いくら親鸞がいさめても、善鸞がその言動を改めることはなかった。

多くの門徒たちからあがめられたので、その喜びを失いたくなかったのかもしれない。

その後も親鸞は、手紙で息子の善鸞をいさめ続けた。

一方、善鸞のほうは完全に開き直り、なんと鎌倉幕府に「念仏の道場主たちは、信者を扇動して風紀を乱している」と訴えを起こしたのである。

先述のとおり、鎌倉幕府は異端の念仏者たちを取り締まろうとしていたから、この訴えを取り上げた。

結果、関東の道場主たちは、数年にわたって法廷闘争を余儀なくされることになった。

八十代で親子の縁を切り、教えを選ぶ

このまま息子の悪行を放置していては、関東の信者たちに申し訳が立たない。

そこで親鸞は、ついに意を決して康元元年（一二五六）五月二十九日、善鸞に義絶状を送り、正式に親子の縁を切った。

義絶状には、「私に虚言を言うのは、父を殺したのと同じことである。お前がしたことを伝え聞くに、その浅ましさは言うことができないほどだ。もう、私はお前の親ではない。お前をわが子と思うこともない。悲しいことである」と記されていた。

自分の血を分けた跡継ぎを切り捨てねばならないのは、親鸞にとって断腸の思いだっただろう。しかし、正しい念仏の教えを広め、人々を救済するほうが大事だと考えたのである。

だから親鸞は、性信房など関東の有力な弟子に宛てて、この義絶状を信者たちに公開するよう伝えた。義絶した事実を全国の門徒たちに公言し、事態の収拾をはかったのである。

このとき親鸞は、すでに八十四歳の高齢だった。

なお、善鸞の告訴は、親鸞の弟子たちが幕府と懸命に交渉した結果、判決が下されずに

おわった。

親鸞はその後、正しい教えが伝わるよう著述に没頭し、己の著書を有力門徒たちに送付した。門徒の質問に対しても、書簡を通じて正しく丁寧に回答するようにした。こうした生活が数年続き、とうとう親鸞の生命が尽きるときが来る。

弘長二年（一二六二）の十一月、衰弱した親鸞は念仏以外に何も言葉を発しなくなった。そして同月二十八日、低くとなえ続けた念仏が途絶え、頭を北にし、顔を西側に向けたまま、息をしなくなった。九十歳という大往生であった。

なお、善鸞のその後は、ようとしてわからない。

親鸞の後継者は善鸞の子・如信《にょしん》が継いだ。

ただ、それは親鸞の死後のことであり、叔母の覚信尼《かくしんに》（親鸞の末娘）のたっての願いによるものだった。如信は東北の地で布教していたが、父の善鸞とは異なり、正しい教えを伝えていた。

その後、親鸞の教えは真宗（浄土真宗）と呼ばれるようになり、大きく十派に分かれて発展していくことになった。とくに大きな力を持ったのが本願寺派だった。

同派の門主となったのは、覚信尼の子・覚如《かくにょ》である。やがてこの血脈から蓮如《れんにょ》が登場し、北陸の地で多数の門徒を獲得して大教団となる。戦国時代には石山本願寺を拠点に顕如《けんにょ》が君臨、信者たちの一向一揆は仏のもとの平等を目指して、戦国大名たちと戦うようになっていった。

いずれにせよ、このように善鸞の義絶事件を乗り越え、親鸞の教えは飛翔し、歴史を動かしたのである。

吉《よし》田《だ》松《しょう》陰《いん》

思想家、松下村塾指導者
1830年～1859年

「維新の精神」を伝えきった狂気と熱意の指導法

家系図

杉百合之助 ―― 吉田松陰

高杉晋作
久坂玄瑞
桂小五郎
伊藤博文
山県有朋
品川弥二郎　他

河合先生のここがポイント！

長州藩の下級武士として生まれた吉田松陰は、ペリーの黒船に密航しようとして失敗、牢獄から出たあと、松下村塾の経営を認められた。

今もその建物は長州萩（山口県萩市）に大切に保存されている。ただ、それを目にした人は、あまりの簡素さに啞然とするだろう。

講義室はわずかに8畳一間。その裏につらなる10畳半ほどの控え室は、松陰が門弟と一緒に増築したもので、塾の広さをすべて合わせても18畳半しかない。

しかも、ここで松陰が教育にあたったのは正味2年間。

にもかかわらず、この狭い空間から、高杉晋作《たかすぎしんさく》、久坂玄瑞《くさかげんずい》、桂小五郎《かつらこごろう》、伊藤博文《いとうひろふみ》、山県有朋《やまがたありとも》、品川弥二郎《しながわやじろう》、前原一誠《まえはらいっせい》、井上馨《いのうえかおる》、山田顕義《やまだあきよし》、野村靖《のむらやすし》、吉田稔麿《よしだとしまろ》、入江九一《いりえくいち》といった幕末・維新の偉人たちが、きら星のごとく輩出したのである。

いったい松陰は、いかにして後進を育てたのだろうか。

人は志さえ立てれば、自ずと成長していく

松陰は、長州藩の下級武士・杉百合之助《すぎゆりのすけ》の次男として文政十三年（一八三〇）に生まれ、六歳のときに兵学師範の吉田家を継いだ。松陰の教育には叔父の玉木文之進《たまきぶんのしん》があたったが、たいへんなスパルタ教育だった。しかし松陰はそれに耐えぬき、見事な兵学師範となった。

嘉永六年（一八五三）、ペリーが来航したとき江戸にいた松陰は、わざわざ現地の浦賀まで出向いた。そして黒船を見て「日本の船や大砲では敵《かな》わない」という危機感を覚え、翌年、下田に停泊する黒船への密航を企てた。敵を知るためにアメリカへ渡ろうとしたのだ。だが計画は失敗し、幕府に自首した松陰は長州藩に連れ戻され野山獄《のやまごく》に放りこまれた。出獄のメドも立たないなか、松陰は知人に宛てた手紙に「獄に繋がれたので、ますます気を出して文章をつくり、学問を修めたいと思い、気ままに楽しんでいる」と記している。驚くべきプラス思考である。どんな状況に置かれても希望を見いだす。それが、この青年の特徴だった。

実際、獄にいた約一年間に六百冊の本を読破している。しかも感想を細かく手帳に記し、

それを周囲に語り始めた。囚人たちは当初、この奇妙な若者を無視していたが、獄内では暇なので、松陰の話が耳に入ってきてしまう。しかも聞いてみると、言っていることがすこぶる面白い。こうして彼らは、松陰の講義を楽しみに待つようになった。

すると今度は松陰が、「あなたは字がうまいですね。私にぜひ教えてほしい」などと、囚人の才能を見いだしては教えを乞い、他の囚人も誘って互いに学び合うようなった。驚くべき感化力により、わずか数カ月で牢獄が学校に変じてしまった。このとき松陰はまだ二十五歳だった。

出獄後、松陰は実家に幽閉されたが、その才能を知った長州藩は塾を開くことを認めた。こうして松陰が親戚から引き継いだのが、有名な「松下村塾」である。

松陰が門弟を育成するにあたって、最も重視したのは「立志」であった。志を立てること、つまり、自分の夢や目標をしっかり定めさせることが大事だと考えたのである。

たとえば松陰は、次のように述べている。

「志を立てて以《もっ》て万事の源と為《な》す」

「業の成ると成らざるとは志の立つと立たざるとに在《あ》るのみ」

このように、人は志さえ立てたなら、自ずと成長し、大成していくものだと固く信じていた。だから松陰は、門弟たちに「吾れ謂《い》へらく、萩城のまさに大いに顕《あら》はれんとするや、それ必ず松下《しょうか》の邑《むら》より始まらんか」と語った。

「長州藩から大いに注目される人物が出るとしたら、それは必ず、この松下村塾から出るだろう」

という意味だ。こんなふうに断言されたら「自分は本当に偉人になれるのではないか」と信じて大志を抱く子が出てくるはずだ。

誠意があれば人は必ず動いてくれる

牢獄における囚人との交わりでもわかるように、松陰は人の才能を見いだすことに長けていた。彼はこんなことを語っている。

「人、賢愚ありといえども各々、一、二の才能なきはなし。備わらんことを一人に求むることなかれ。小過《しょうか》を以て人を棄てては、大才は決して得るべからず」

世の中には賢い者も愚かな者もいるけれど、才能がない人はいない。だから他人に完璧を求めず、小さな欠点は見逃すべき。そうでなければ、決して大きな才能を見いだすことはできない。そう考えて、常に人のよいところだけを見ようと心がけたのである。

人は、意外に己の長所がわからないもの。だから、本人にそれを自覚させ、さらに伸ばそうとしたのだ。

とくにユニークなのは、見つけた才能は必ず文章にして、直接本人に伝えるようにしたことであろう。

たとえば、安政五年（一八五八）正月二日に松陰が、門弟の岡田耕作に宛てた書がある。そこには「今、墨使（ハリス）府（江戸）に入り、義士（ハリス暗殺を計画した水戸の義士）獄に下る（牢獄に入れられてしまった）、天下の事迫れり（大変な事態になっているのに）、何ぞ除新《じょしん》あらんや（新年など関係ないだろう）」と記されている。

じつは耕作は、この日（正月二日）、「先生、今日は授業がありますか」と松陰のもとにやって来たのだ。このとき耕作はまだ十歳。満年齢でいえば、八歳か九歳の子供だ。江戸時代の三が日は自宅でゆったりするか、お年始回りをするのがふつう。今でも、さすがに正月の二日に授業はしない。

ところが耕作は、松陰に講義をしてほしいとねだったのである。

するとと松陰はこれを大いに喜び、右のような手紙を贈ったのだ。さらに続けて松陰は、

「松下村塾の者たちは、皆こうでなくてはいけない。耕作よ、君は群童の先駆けになる者だ。群童の先駆けになるということは、すなわち、天下の先駆けになるということ。まだ君はわずか十歳。その将来は計り知れない。きっとスゴい人物になるのだろうな。だから私は、この書を与え、君を激励しようと思う」

このように松陰は、たとえ子供であっても、相手の長所を認めたなら、丁寧な書状を記して贈ったのだ。

松陰は、「至誠にして動かざる者は、未だこれ有らざるなり（誠意をもって相手に対すれば、人は必ず動く）」という孟子の言葉を座右の銘にしており、どんな門弟に対しても常に誠意をもって全霊で指導にあたった。

現在でも、松陰が門弟を讃えた言葉が多く残されている。

久坂玄瑞に対しては、「才あり気あり、駸々《しんしん》として進取、僕輩（私）の栽成（育成）するところにあらず」とほめ、高杉晋作を「識見気魄《きはく》他人のおよぶなく、人の支配を受けざる人物」と讃えている。

「利助大いに進む。なかなか周旋屋（政治家）になりそうな」といわれた利助とは、のちの総理大臣・伊藤博文である。

「事に臨んで驚かず、少年中稀にみる男子」とほめられたのは、のちに内務大臣となる品川弥二郎であった。

こんな先生だったからこそ、門弟たちも松陰に強く感化され、その気持ちに応えようとしたのであろう。

涙を流し怒りをあらわにする松陰の白熱教室

では、松陰は具体的にどのような教育をしていたのだろうか。

彼は多くの科目のなかで歴史を重視した。

当時、武士の素養といえば第一に儒学の経書《けいしょ》であった。だからまず、経書を読むのが一般的だったが、松陰はかつて水戸藩に遊歴したとき、水戸の志士たちから「歴史をもっと学んで、これを今に活かすべきだ」と教えられた。

それ以後、歴史の本をむさぼるように読み始めた。その結果、「歴史全体をよく知り、なかなか判断できないときは、偉人の意見などを参考にして自分の工夫を加えたなら、人のふみ行なう正しい道がわかる」と、歴史を学ぶことを人にも勧めるようになった。

松下村塾の規則「士規七則」でも、「人、古今に通ぜず、聖賢を師とせずんば、すなわち鄙夫《ひふ》のみ（人は歴史を知らなかったり、偉人を師としなければいやしい人間になる）」と明言している。

とくに松陰が好んだのが日本史で、頼山陽《らいさんよう》の著した『日本外史』を中心に、『陰徳太平記』、『資治通鑑《しじつがん》』、『春秋左氏伝《しゅんじゅうさしでん》』を、よく門弟に話して聞かせたという。

常々、塾生たちには「歴史を読むときには自分も偉人になりきり、その境遇に身を置いて心を練り、今の世ならばどうすべきかということをよく熟考せよ」と諭した。

門弟の天野御民《あまのみたみ》は、松陰の講義について、次のように書き残している。

「先生（松陰）、門人に書を授くるにあたり、忠臣孝子身を殺し、節に殉ずる等の事に至るときは、満眼涙を含み、声をふるわし、はなはだしきは熱涙点々書にしたたるに至る。これをもって、門人もまた自ら感動して、流涕《りゅうてい》するに至る。また、逆心君を苦しますがごときに至れば、目眦《もくし》裂け、声大にして、怒髪逆立ちするものの如し。弟子、また自らこれを悪《にく》むの情を発す」（『松下村塾零話』）

このように、講義中は完全に歴史の世界に身を置き、自らが歴史人物になりきって、泣いたり怒ったりと、すさまじく感情を爆発させたのである。こうした講義を受けて、門弟が感化されていく様子が目に浮かぶようだ。

門弟に託した時代を動かす「志」

安政五年（一八五八）、大老・井伊直弼《いいなおすけ》による安政の大獄が始まり、老中の間部詮勝《まなべあきかつ》がその手先となって京都で志士たちをつかまえていった。これを知った松陰は、激怒して門弟たちに間部を討てと命じ、長州藩に対しても武器の貸与を求めた。

過激な言動を危惧した藩は、松陰を再び獄へと戻してしまった。しかし、獄中からも松陰は、門弟たちに同じことを叫び続けた。

高杉晋作ら高弟たちは師の松陰に自重を求めた。また、多くの塾生たちが過激な言動をとる松陰から離れてしまった。

すると松陰は、「私が皆に先駆けて死んで見せたら、彼らは心を動かして行動に出てくれるのであろうか」となげき、門弟たちに宛てて「皆僕と所見（考え方）違ふなり」と言い、「其の分かれる所は、僕は忠義をするつもり、諸友は功業をなす（功績を挙げようとする）つもり」と激しく非難し、絶交状を送りつけたのである。

やがて松陰は、幕府によって萩の野山獄から江戸の伝馬町《でんまちょう》牢屋敷へ移された。そこで取り調べを受けたさい、うっかり間部の暗殺計画を話してしまう。これに仰天した幕府は、最終的に松陰の死罪を決めたのである。刑死を察した松陰は、その直前、『留魂録』（遺書）を作成した。そのなかで松陰は言う。

「どんなに短く一生を終える人間のなかにも四季が備わっているもの。僕は三十歳で死ぬが、そんな僕にも四季はあるのです。だからきっと花を咲かせ、実をつけたことでしょう。それがしいな（中身のない実）か、中身が詰まった栗かはわからない。けれど、もし君たちが僕を憐れんで、その志を受け継いでくれるなら、その種子は絶えることなく、毎年実り続けることだろう。同志よ、これをよく考えてほしい」

それからまもなく、伝馬町の牢獄のなかで首を刎《は》ねられて、松陰の人生は終わった。享年三十であった。

この瞬間、松下村塾の門弟たちは大きく変わった。幕府という権力によって師が不条理に殺されたことで、再び松下村塾に結集していったのである。そして、塾に集《つど》った彼らは、松陰の記した文章や教えを学び直し始めた。

命を奪われる直前、松陰は門弟に宛てて「君たちは僕の志をよく知っているはずだ。だから僕の死を悲しむ必要はない。その死を悲しむことは、僕を知ることに及ばない。どうか、僕の志を継いで、大きく伸ばしてほしい」と伝えている。

では、松陰の「志」とは何か。それは、損得や生死を考えず、世の中の先駆けとなって時代を動かすこと、すなわち幕府を倒すことであった。

過激な脱藩思想に影響を受けた坂本龍馬

その遺志をとげようと、松陰の門弟たちは激しい攘夷運動や倒幕運動を繰り広げた。その途上で多くが命を落としていった。

松陰の妹婿であった久坂玄瑞も、その一人であった。朝廷での勢力を回復すべく長州藩が大軍で京都にのぼったさい、薩摩・会津軍との戦い（禁門《きんもん》の変）に敗れ、久坂は仲間と刺し違えて亡くなったとされる。

そんな久坂は、生前、松陰の「草莽崛起《そうもうくっき》」という思想を体現しようと動いていた。

松陰は晩年、松下村塾で身分の別なく教育にあたった経験と、長州藩士に対する絶望から「天皇のもとに万民は平等であり、頼るべきは草莽。彼らが立ち上がると世の中は変わる」という草莽崛起という考えに到達した。

草莽とは、農民や商人、博徒や学者、郷士や浪士、神官など、正規の武士以外で志を有する者たちを指している。

久坂は、土佐の志士・武市半平太《たけちはんぺいた》に宛てた書簡で、

「大名や公家などは頼りにならない。だから、草莽を集めて決起するほかないと、仲間たちと申し合わせている。失礼ながら、大義のためなら藩（主家）など潰れてしまってもよいではないか。天皇の、列強を追い払えという叡慮が貫けぬのなら、日本で暮らしている甲斐などないのだ」

と記している。

「藩など滅亡してもかまわない」というのは驚くべき思想だが、このように久坂は、すでに藩を超えて草莽集団による決起を思い描いていたのだ。

ちなみに、久坂からこの手紙を受け取って武市に渡したのは、坂本龍馬《さかもとりょうま》である。龍馬は久坂から同じ話を聞いて衝撃を受けたと思われる。なぜなら、それから数カ月後に土佐藩から脱藩しているからだ。

そして、藩を捨てた龍馬は、日本の海軍をつくるという夢を実現するため、幕府海軍を

統括する勝海舟《かつかいしゅう》のもとへ弟子入りしている。もし、久坂に触発されて脱藩しなければ、龍馬の歴史上の活躍はなかったかもしれない。

前述のとおり、久坂は禁門の変で命を落としてしまうが、草莽崛起を具体的な「かたち」にしたのが、松陰の高弟・高杉晋作だった。彼が創設した「奇兵隊」がそれだ。

長州藩の正規軍（正兵）に対し、寡兵で敵を急襲できる神出鬼没の非正規軍（奇兵）である。隊の結成綱領を見ると、その性格がよくわかる。

「奇兵の儀は、有志の者相集まり候義につき、陪臣《ばいしん》、軽卒、藩士を選ばず、同様に相交わり、もっぱら力量を貴び、堅固の隊、相整え申すべくと存じ奉り候」

このように、志ある者たちが陪臣、軽卒（農民、町人）、藩士など身分に関係なく交わり、実力を尊ぶ堅固な混成軍だった。まさに松陰が理想とした、志でつながる草莽たちの集団であった。その身分構成は、武士が半数、農民四割、他に商人や僧侶、漁師などだった。

「諸君、狂いたまえ」を実行した高杉晋作

禁門の変後、長州藩では尊攘派が失脚して保守派政権が誕生した。晋作も身の危険を感

じていったん九州へ逃れた。が、保守派が尊攘派家老を処刑し、幕府の征討軍に謝罪したと知ると、長州へとって返し、晋作は奇兵隊をはじめとする諸隊に決起をうながした。

しかし、隊の幹部らは慎重論を説いて動こうとしない。業を煮やした晋作は、幹部たちを罵倒し「おれ一人でやる」と、その場を後にした。このとき高杉に協力したのは、「力士隊」と「遊撃隊」のわずか八十名だった。

この人数で政権を奪還しようというのだから、正気の沙汰とは思えない。ただ、それでよいのである。松陰は生前「諸君、狂いたまえ」と門弟たちによく語っていた。常識的な行動では、世の中を変えることはできないと考えたからだ。

挙兵の直前、高杉は同志の大庭伝七《おおばでんしち》に宛てて遺書を認《したた》めている。

「弟事（私）は、死しても恐れながら天満宮の如く相成り、赤間関（下関）の鎮守と相成り候志に御座候。（略）死後に墓前にて芸妓御集め、三弦などを鳴らし、御祭りくだされ候よう頼み奉り候」

「自分が死んだら、菅原道真《すがわらのみちざね》のような神となり下関の鎮守となるから、墓前で芸者を集めて三味線をかき鳴らしてくれ」とは、何とも奇抜な遺言で、高杉晋作らしい。

そして、たった八十名で兵を挙げた晋作は、長府の功山寺《こうざんじ》から下関へと進んだ。下関には、各地の物資が集積される大きな港がある。その大動脈を押さえてしまおうという目論《もくろ》見《み》だった。そして、下関を制圧すると、船で三田尻港《みたじりこう》へ乱入、たちまちのうちに藩の軍艦三隻を奪取した。

軍艦の乗っ取りを、わずか十八人で決行したというから、その剛胆さには驚かされる。ともあれ軍艦を手に入れたことで、海上からの神出鬼没の攻撃が可能になった。

機先を制して勢いに乗ったことで、晋作の動きに奇兵隊ら諸隊が同調するようになり、各地で藩兵に抵抗を始めた。こうして形勢は晋作側へ傾き、およそひと月ほどで、晋作は保守派から政権を奪い返したのである。

やがて晋作は、慶応元年（一八六五）に始まった第二次長州征討で指揮をとり、幕府軍を撃退させたが、持病の肺結核が悪化して維新を見る前に亡くなった。

松下村塾に所属していた若者は九十名以上にのぼるが、そのうち頻繁に松陰と交流していたのはおよそ四十名だった。うち、半数以上が若くして戦死、自殺、変死をとげている。このような私塾は、他には存在しない。

いいか悪いかは別として、人はここまで他人に影響を与えうるということなのである。

以上見てきたように、吉田松陰の志や思想は見事に弟子たちへと継承され、彼らは身分を超えて決起し、時代の先駆けとなって幕府の屋台骨を大きく揺り動かし、ついにはその手で歴史を回天させたのである。

改めて教育の力の大きさがわかるだろう。

第5章

天皇家の存続という究極の「血の伝統」との葛藤

▶藤原不比等
（659〜720）

▶孝謙天皇
（718〜770）

▶後醍醐天皇
（1288〜1339）

藤《ふじ》原《わらの》不《ふ》比《ひ》等《と》

政治家、藤原氏繁栄の祖
659年〜720年

「華麗なる一族」をつくり上げた巧みな皇室戦略

家系図

中臣（藤原）鎌足——**不比等**
- 武智麻呂——南家
- 房前——北家
- 宇合——式家
- 麻呂——京家

河合先生のここがポイント！

長年、朝廷で権力をにぎり、平安時代には摂関政治の全盛期を築いた藤原一族。そんな藤原氏繁栄の礎をつくったのが、中臣鎌足《なかとみのかまたり》の息子・藤原不比等である。

不比等は持統《じとう》天皇と盟約を結び、その孫である珂瑠《かる》皇子を即位させることに貢献した。その代わりとして、娘の宮子《みやこ》を珂瑠皇子に嫁がせることができ、やがて2人のあいだに首皇子《おびとのみこ》が誕生する。こうして外戚《がいせき》（母方の親せき）になった不比等は、即位した文武《もんむ》天皇（珂瑠皇子）のもとで権力をにぎり、さらに孫の首皇子を天皇にすえて藤原氏の繁栄を目論んだ。

ところが、である。

文武天皇が若くして亡くなり、跡を継ぐべき首皇子が帝《みかど》としての資質に欠けると周囲から判断され、なかなか即位できなかったのだ。

ここにおいて不比等は、首皇子を天皇にすべく、さまざまな政策や方策を仕掛け、見事に目的を達成したのである。いったい、どのような手法を用いたのだろうか。

謎の前半生と遅すぎた政界デビュー

藤原不比等は、斉明《さいめい》天皇五年（六五九）、中臣鎌足の子として生まれた。鎌足は中大兄《なかのおおえの》皇子（天智《てんじ》天皇）を補佐して大化改新を成功させたので、亡くなるさいにその功績を賞せられ、大織冠《たいしょっかん》（最高位の官職）と藤原の姓を与えられている。

ただ、父の鎌足が死んだとき、わずか十歳の不比等がどんな思いを持ったのかはわからない。それどころか、三十二歳まで不比等の名は公的な記録に一切登場せず、前半生はまったくの謎に包まれているのだ。

天武《てんむ》天皇の死後、皇太子の草壁《くさかべ》皇子（天武の子）は即位せず、天武の皇后・鸕野讃良《うののさらら》（草壁の実母）がそのまま政治をとった。草壁が病気がちで、健康が回復するまでの代打だったという説もあるが、結局、草壁は即位することなく、二十八歳の若さで死んでしまった。

そこで鸕野讃良は、将来必ず、孫の珂瑠皇子（草壁の子）を天皇にしたいと願い、自ら即位して持統《じとう》天皇となった。このとき頼りにしたのが藤原不比等だった。不比等を信頼した理由については諸説あるが、持統は幼い珂瑠を即位させることを条件に、宮子（不比等の娘）を珂瑠の妻にする盟約を不比等と結んだという。

当時、朝廷で力を持つためには、娘を天皇に輿入れさせ、天皇家と親類（外戚）になることが必須条件だった。皇極《こうぎょく》天皇四年（六四五）の乙巳《いっし》の変でほろんだ蘇我氏も、歴代にわたって娘たちを天皇と結婚させ、皇子を生ませてきた。

持統天皇十一年（六九七）、珂瑠皇子が十四歳で即位して文武天皇となった。不比等の功績は大きかったのだろう、同年、藤原宮子が文武天皇の「夫人」となっている。天皇の妻には「皇后」、「妃《ひ》」、「夫人」、「嬪《ひん》」の四種があり、皇后と妃は皇族しかつけない。けれど、文武天皇は死ぬまで皇后と妃を持たなかったので、夫人である宮子が実質的に皇后の立場にあった。つまり、宮子が皇子を生めば、その子が天皇に即位することになるわけだ。実際運よく、文武天皇と宮子とのあいだに首皇子が誕生し、不比等は天皇の外戚となった。こうして不比等は、権力を手にすることが確実になったのである。

翌大宝二年（七〇二）、持統上皇は五十八歳で崩御したが、孫の文武が皇位につき、その後継者である首皇子も生まれたので、安心して亡くなったことだろう。

ところが、それから四年後の慶雲四年（七〇七）、文武天皇がわずか二十四歳の若さで逝去してしまう。

これは、不比等にとっては大きな痛手だった。文武のもとで政権をにぎり続け、やがては孫の首皇子を天皇にすえ、藤原氏の勢力を盤石にしたいと考えていたからだ。

文武天皇が崩御した後、文武の母である阿閇皇女《あべのひめみこ》（天智の四女）が即位して元明《げんめい》天皇となった。皇位が息子から母に継承されるのは前代未聞のことだったが、これは不比等の苦肉の策だったと思われる。なぜなら、舎人《とねり》親王や新田部《にいたべ》親王など、天武天皇の有力な皇子がまだ存命しており、貴族たちを納得させるには、これしか方法がなかったのだ。ともあれ、女帝はあくまで首皇子が成人するまでの中継ぎとされた。

そうしたなかで、天武天皇の有力な皇子たちを退けて、確実に幼い首皇子に皇位を継がせることが、不比等最大の宿願となった。

執ように追い求めた皇室との結びつき

和銅元年（七〇八）二月、元明天皇は詔勅を出して遷都を宣言した。勅書には「自分は即位したばかりで都を遷《うつ》そうとは考えていなかった。けれど、臣下たちが新たな帝都をつくることが重要であるというので、衆議に逆らわず、これに従うことに決めた」と記されている。

何だかちょっと奥歯にモノがはさまったような言い方だが、あまり乗り気でない元明天皇を説き伏せ、平城京への遷都を強行したのは不比等であったようだ。

では、不比等の目的は何か。

研究者の高島正人氏は、その著書『藤原不比等』（吉川弘文館）で、不比等は「娘の宮子が生んだ首皇子を四六時中自分の目でたしかめ、成長を見守り、これを養護することができ」るよう、「内裏の造営とならんで、この頃、内裏の東方に邸宅を建築した」のだと述べている。つまり、都を遷して新たに造営した内裏《だいり》（天皇の住居）と自分の邸宅をつなげ、完全に首皇子を保護下に置こうとしたというのだ。

和銅七年（七一四）、十四歳に成長した首皇子が元服して皇太子となった。その翌年、元明天皇は退位するが、皇位を継承したのは皇太子の首皇子ではなく、その伯母にあたる三十六歳の元正《げんしょう》天皇（元明の娘）であった。すでに首皇子は、父の文武が帝位を継いだのと同じ十五歳になっていた。にもかかわらず、なぜ即位しなかったのだろうか。

その理由について退位した元明上皇は、「神器を首皇子に譲りたいが、彼はまだ幼い。天皇は多忙にして政治上の重要な事柄を多く処断しなくてはならない。だから聡明で沈静な娘の元正に皇位を譲る」と語っている。

このように齢が若いことを理由にしているが、その人間性や天皇としての資質に問題があったという説が強い。

実際、元明が退位すると、首皇子には侍講十六人がつけられ、彼らによって徹底的な英才教育がほどこされることになった。山上憶良《やまのうえのおくら》をはじめ、優れた儒者や明法博士《みょうほうはかせ》、暦算家《れきさんか》など、当時の第一級の知識人たちがズラリと名を連ねている。もちろん、首皇子に帝王学をたたき込もうと考えたのは、祖父の不比等であろう。

霊亀二年（七一六）、不比等に大きな喜びが訪れた。後妻の県犬養宿禰三千代《あがたのいぬかいのすくねみちよ》が産んだ十四歳の安宿媛《あすかべひめ》（光明子《こうみょうし》）が皇太子妃となったからである。

ただ、ちょっと考えてみてほしい。

首皇子の実母の宮子は、不比等の娘である。つまり不比等は、自分の娘が生んだ皇子（孫）に、また別の娘を輿入れさせたというわけだ。現代では信じがたい近親婚だが、この二重の縁によって不比等は、皇室とさらに強固に結びついたわけだ。

養老二年（七一八）、光明子が女児（阿倍内親王《あべ》）を生んだ。当時は男子でなくても皇位を継ぐことは可能で、事実、持統や元明、元正も女帝である。それにこの阿倍内親王も、のちに即位して孝謙《こうけん》天皇となっている。

このように幾重にも天皇家と縁組みし、外戚として権力を盤石にした不比等は、自分の息子たちも高位高官にすえた。翌養老三年（七一九）には長男の武智麻呂《むちまろ》が正四位下、次男の房前《ふささき》が従四位上、さらに三男の宇合《うまかい》が正五位上に叙されている。

『日本書紀』に見る聖徳太子と不比等の大きな違い

翌養老四年（七二〇）、『日本書紀』が完成する。同書は、現存最古の正史である。編纂の中心人物は舎人親王だとされるが、京都大学名誉教授の上田正昭氏は「『日本書紀』の完成には不比等が舎人親王の影の存在として大きな役割を果たした」（『藤原不比等』朝日新聞社）と断じている。

じつはこの事業も、首皇子を天皇にするための意図が隠されていたという説がある。

さらに詳しくいえば、不比等が編纂事業に深くかかわったのは、あえて史実に脚色を加え、首皇子の皇位継承を優位に進める狙いがあったからだというのだ。具体例を挙げれば、聖徳太子の業績である。

『日本書紀』には、聖徳太子は推古天皇の皇太子で、摂政《せっしょう》として政治を主導し、冠位十二階や憲法十七条を定め、小野妹子《おののいもこ》を遣隋使として隋へ送り、対等外交を成功させたとある。そうした大きな業績に加え、たいへん聡明で十人の話を一度に理解し、仏教の興隆に尽くしたと記されている。

たしかに太子は立派な仕事を残しているが、十人の話を聞くといった超人的な逸話が多く含まれ、到底、本当のことだと思えない。

谷沢永一氏は、その著書『聖徳太子はいなかった』（新潮新書）のなかで、不比等は首皇子を天皇にするため、同じ皇太子である聖徳太子をかざりたてて聖人化し、首皇子が聖徳太子の生まれ変わりであることを匂わせ、首皇子の即位を確実なものとしようとしたのだと論じている。

『日本書紀』は養老四年（七二〇）五月に完成するが、このとき不比等は病に伏せっていた。どんな病かはわからないが、八月にはいよいよ危篤となった。元正天皇は、病の平癒を祈って恩赦や貧者の救済、諸寺での読経をおこなわせるが、その願いむなしく、八月三日に六十三歳で死去した。

それから四年後、首皇子は不比等の念願どおり、即位して聖武《しょうむ》天皇となった。さらに続いて、不比等の娘である光明子が産んだ子が孝謙天皇となったのである。

また、不比等の息子たち（四子）も朝廷の実権をにぎり、さらにその子孫たちも不比等と同じように、皇室に深く入り込んで縁戚関係を結び、権力の中枢に居続けるようになった。そして平安時代中期、藤原北家（不比等の子・房前の家系）が摂関政治の全盛期を築き、その後も幕末まで朝廷で摂政・関白の地位を独占していくのである。

鮮やかに消し去った自身の業績

このように藤原氏の礎を築いた不比等だが、その性格や人物としての逸話、没頭した趣味などは一切伝わっていない。

大宝・養老律令を制定して律令国家としての体裁を整え、先述のように『日本書紀』などの正史編纂事業を中心となっておこなったのも彼であった。

にもかかわらず、具体的な功績が記録として残っていないのは、伝記が紛失しているのが一因である。不比等の伝記を編纂したのは、その孫で朝廷の権力を握った藤原仲麻呂《なかまろ》だったが、いつの頃からか、その伝記は地下に埋もれてしまい、写本すら現存しない。このため、彼の体温を感じさせるようなエピソードが皆無なのだ。

けれど、理由はそれだけではない気がする。

不比等自らが、自分の生きた痕跡をあえて歴史から消し去ろうとしているように思えるのだ。

不比等が政治的に台頭したのは持統天皇の時代であったが、立正大学名誉教授の高島正人氏によると、『日本書紀』における持統朝の記事に、不比等の名が見いだせるのはわずかに二箇所だけだという。さらに、不比等の死後に編纂された『続日本紀《しょくにほんぎ》』は、彼の政治的全盛期の文武・元明・元正朝が含まれるが、不比等の名はたった十三箇所に登場するだけで、しかも、その記事もすべて簡素なものだとされる。

繰り返しになるが、藤原不比等は朝廷の最大実力者であった。なのに、これほど記録が乏しいのは、不比等自身の意思が強く働いているとしか思えない。

そこに藤原不比等という政治家の本質を見てとることができる。暗闇のなかにあって、権謀術数を用いて裏から権力を操ることを好んだのであろう。

前出の上田正昭氏も「(不比等は)生前左大臣になることをさけた。左大臣の地位が空席であっても、ついに右大臣にとどまった。太政大臣にとの要請も、これを固辞して受諾しなかった。彼が欲したのは地位や名誉よりも、実力であり実権であった」と述べ、「表の象徴の人であるよりも、裏の実権の人として行動した形跡がいちじるしい」（『藤原不比等』朝日新聞社）と断じている。

藤原不比等という政界のフィクサーは、己一代で皇室に深く入り込み、娘を次々と天皇や皇太子と結婚させ、外戚として朝廷に藤原氏の権力基盤を構築していった。ただ、そうした自分の業績や政治手腕は、鮮やかに歴史上から消し去ったのである。

孝《こう》謙《けん》天皇

天武系最後の帝、第46・48代（称徳）天皇
718年〜770年

女帝の愛と危険な男が招いた「皇統最大の危機」

家系図

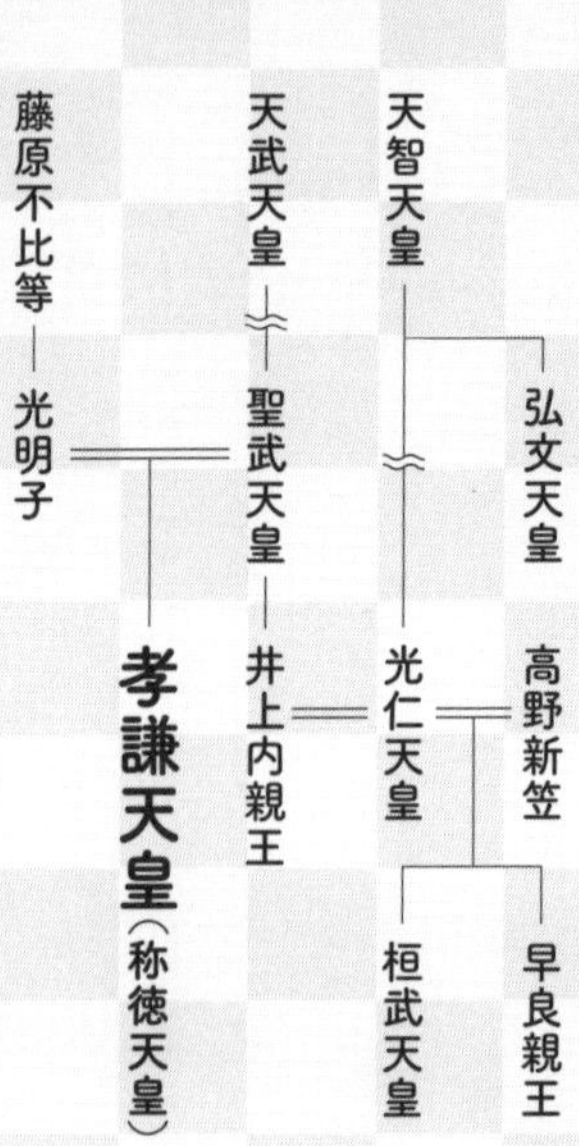

河合先生の ここがポイント！

3世紀半ばに、畿内を中心とする豪族の連合政権である「ヤマト政権」が成立した。その最高首長である大王《おおきみ》の家柄が天皇家である。

当時から今に至るまで、歴代天皇はすべて天皇家から輩出されている。近親者で男性皇族がいないときは、遠方から縁者を連れてきたり（継体《けいたい》天皇など）、女性皇族を中継ぎ（推古《すいこ》天皇など）にしたりしてきた。

ところがこの原則を破ろうとした天皇が現れた。それが、奈良時代の孝謙女帝である。

近親者に男性がいないことから、彼女は皇族以外の者に皇位を継承させようとしたのである。

なぜ、そんな異例の後継者選定がおこなわれたのだろうか。

謀略と愛憎相まみえる宮中

阿倍《あべ》内親王（のちの孝謙天皇）は、聖武《しょうむ》天皇と藤原氏出身の光明《こうみょう》皇后（不比等の娘）とのあいだに生まれた娘である。そんな彼女が、女性でありながら皇位を継承したのには理由があった。

光明皇后は基王《もといおう》という皇子を生み、神亀四年（七二七）に彼が聖武天皇の皇太子になった。ところが翌年、わずか二歳で死んでしまったのである。

じつはこの年には、聖武天皇の夫人であった県犬養広刀自《あがたいぬかいのひろとじ》も皇子を生んでいた。それが、安積《あさか》親王である。朝廷の実力者・藤原氏（光明皇后の兄たち）としては、何としても同族の血筋の者を即位させたかった。だから、光明皇后がさらに皇子をもうけるのを期待したが、ついに実現しなかった。そこで、安積親王がいるにもかかわらず、強引に基王の同母姉である阿倍内親王を皇太子にすえたのである。天平十年（七三八）、彼女が二十一歳のときのことだ。

ちなみに安積親王は、その数年後に十七歳の若さで死去した。一説には、藤原氏によって抹殺されたともいわれる。

天平感宝元年（七四九）、阿倍内親王は三十二歳のときに即位して孝謙天皇となった。

この当時、朝廷の実力者は、光明皇后の甥・藤原仲麻呂《なかまろ》であった。光明皇后は仲麻呂を寵愛し、皇太后になったさい、皇后宮識《こうごうぐうしき》（皇后の家政機関）を改組して紫微中台《しびちゅうだい》をつくり、その長官（紫微令）に仲麻呂を任じた。紫微中台は、朝廷の太政官《だじょうかん》（最高機関）に並ぶ権力を有するようになり、光明皇太后が孝謙天皇を補佐して政治をおこなう機関となった。

仲麻呂は従妹の孝謙天皇にも信頼され、天平勝宝四年（七五二）には、孝謙が仲麻呂の屋敷に滞在している。

聖武上皇は死ぬ間際、道祖王《ふなどおう》（天武天皇の孫で新田部親王の子）を皇太子に任命した。ところが、まもなくして孝謙は道祖王を廃し、大炊王《おおいおう》（天武の孫で舎人親王の子）を皇太子としたのだ。

道祖王が聖武上皇の喪中に少年と性行為にふけったり、朝廷の機密事項を漏らしたり、夜中に一人で宮中を抜け出したりと素行が悪く、孝謙がいさめても言うことをきかなかったからだという。

ただ、新たに皇太子となった大炊王は、仲麻呂の義理の息子で、当時は仲麻呂邸に住んでいた。父の遺志に背いてそんな人物を皇太子にしたのは、仲麻呂の強い希望があったとはいえ、孝謙が仲麻呂を思慕していたからではないかという説もある。

天平宝字二年（七五八）、孝謙天皇は大炊王（淳仁《じゅんにん》天皇）に譲位して上皇となった。

淳仁天皇は、仲麻呂に恵美《えみ》の姓と押勝《おしかつ》の名を与えた。そして、三千戸と田百町からの租税を永代にわたって下賜《かし》、貨幣を鋳造したり稲を貸し与えて利子を徴収する権限を認め、太保《たいほう》（右大臣）に叙した。以後、仲麻呂は淳仁のもとで独裁をはじめ、天平宝字四年（七六〇）には従一位太師（太政大臣）、二年後には正一位となった。

道鏡との出会いと権力闘争への邁進

天平宝字五年（七六一）、仮御所が置かれた保良宮《ほらのみや》で、孝謙上皇が急な病にかかってしまう。このとき看病禅師として彼女の病を癒やしたのが、道鏡《どうきょう》という僧だった。

河内国弓削《ゆげ》郷に地方豪族の子として生まれた道鏡は、非常にすぐれた学僧だった。禅の道を極め、サンスクリット語も理解したので、宮中の内道場《ないどうじょう》に入って病を治す看病禅師として活躍していた。宿曜秘法《すくようひほう》なるものによって、孝謙上皇の病はまもなく癒えたが、それからも孝謙は道鏡を手元から離そうとしなかった。男女の関係になったのは間違いないだろう。

やがて仲麻呂も、孝謙上皇が道鏡を寵愛していることを知る。このため淳仁天皇を通じ、「道鏡を寵愛しすぎぬように」と孝謙にクギを刺した。

こうした言葉に孝謙は過剰に反応し、淳仁天皇との関係は一気に険悪になった。

天平宝字六年（七六二）、孝謙と淳仁は修築を終えた平城京へ戻ることになり、淳仁は仲麻呂が用意した平城宮の内裏（中宮院）に入った。が、なんと孝謙は帰京を拒絶し、法華寺へ入ってしまったのである。さらに十日後、五位以上の貴族を朝堂に集め、突然、

「淳仁天皇は、自分に対して従順ではなく、まるで仇敵《きゅうてき》のように私に接し、言ってはならぬことを言い、してはならぬことをしてきた。私は彼に、そんなことを言われる筋合いはない。淳仁と別のところに住めば、そんなことを言われることもないだろう。だから出家して仏の弟子になり、この寺に入ったのである」

そう吐露したのである。そしてそのあと、

「今後、淳仁天皇には雑務だけしか任せない。国家の大事と賞罰は、私が自らおこなう」と、政権の奪還宣言をおこなったのだ。

この女帝の突飛な言動は、仲麻呂にとっては青天《せいてん》の霹靂《へきれき》であった。

一方、女帝にとっては淳仁への譲位以来、政治から遠ざけられたり、道鏡とのつきあいを批判されたりするなど、ずっと堪えてきた鬱憤を一気に晴らしたのだろう。

ただ、このような宣言をしても、大権を行使できる鈴印《れいいん》（駅鈴と天皇印）は淳仁天皇の手元にあり、仲麻呂政権がただちに崩壊するわけではなかった。

しかし、仲麻呂の独裁に不満をもち、その傀儡《かいらい》にすぎぬ淳仁天皇を蔑視していた貴族は多く、これが反仲麻呂派を形成する大きなきっかけとなった。

このため仲麻呂は、人事を刷新して強引に自分の子供たちを参議（朝廷の閣僚）に登用するなど、守りの姿勢を固めた。が、翌年春には仲麻呂暗殺計画が発覚し、怒った仲麻呂は計画に関与した藤原宿奈麻呂《すくなまろ》、石上宅嗣《いそのかみのやかつぐ》、佐伯今毛人《さえきのいまえみし》らを処罰・左遷した。

さらに同年、孝謙は僧綱《そうごう》（都の僧侶を統括する機関）において、仲麻呂派の慈訓《じくん》や慶俊《きょうしゅん》らを解任し、代わって道鏡を少僧都《しょうそうず》の地位にすえ僧綱の責任者としたのである。造東大寺司《ぞうとうだいじし》（東大寺造営を担当する機関）のポストでも、仲麻呂派の官僚たちを次々と罷免《ひめん》し、反対派を送り込んでいった。

悪いことにこの時期、石川年足《いしかわのとしたり》、大伴犬養《おおとものいぬかい》など、仲麻呂の腹心たちが次々と亡くなっていった。また、天平宝字五年から凶作、ひでり、地震、洪水など天変地異が立て続けに起こり、地方では正倉（国庫）が放火される事件が、たびたび発生するようになった。こうしたこともあり、仲麻呂政権の求心力は急速に弱まり、仲麻呂自身も激しい焦りを覚えるようになったのである。

天平宝字八年（七六四）九月二日、仲麻呂は、淳仁天皇の許可を得て、都督《ととく》四《よん》畿内《きない》・三《さん》関《げん》・近江《おうみ》・丹波《たんば》・播磨《はりま》等国兵事使《とうこくひょうじし》という軍事権を握るポストを創設し、自らこの役職につき、諸国から兵を集めて軍事訓練をおこなうと称した。

この兵力で己を守ろうとしたのか、孝謙の力を封殺しようと企てたのか、そのへんはよくわからない。

だが、徴兵のさい、太政官符（朝廷の命令書）を偽造して兵を水増ししたことが、密告によって発覚する。ほぼ同じ頃、孝謙上皇のもとに、仲麻呂の叛意を密訴してくる者が相次いだ。ここにおいて孝謙は、山村王《やまむらおう》を淳仁天皇の住む中宮院へ派遣し、鈴印を奪取しようとした。大権の象徴を手に入れ、一気に仲麻呂から権力を奪おうとしたのだろう。

これに気づいた仲麻呂は、息子の訓儒麻呂《くすまろ》を遣わして山村王から鈴印を奪い返した。対して孝謙も、すぐに坂上苅田麻呂《さかのうえのかりたまろ》と牡鹿嶋足《おしかのしまたり》らを送った。

戦いは、苅田麻呂が訓儒麻呂を射殺したことで決着、鈴印は孝謙上皇が手に入れた。

これにより、仲麻呂は謀反人の烙印を押され、位階を剝奪されたうえ太政大臣（大師）を解任された。

その夜、仲麻呂は密かに一族を連れて屋敷を脱出、宇治をへて近江国高島郡へ入り、さらに越前へ逃れ再起をはかろうとした。が、先回りした孝謙方の軍勢が行く手をはばんだため、仕方なく高島郡へ戻り、三尾《みお》の古城に籠もった。

仲麻呂軍は攻城軍をよく防いで一歩も寄せつけなかったが、藤原蔵下麻呂《ふじわらのくらじまろ》ら孝謙方の援軍が到来したことにより、ついに崩れ去った。その後、仲麻呂は、一族とともに琵琶湖へ逃れたが、湖上で石村石楯《いわれいわたて》に殺害されたという。

燃え上がる道鏡の野望、そして二人の恋

こうして乱が平定されると、孝謙上皇はただちに道鏡を大臣禅師という、太政官でいうところの大臣ポストにすえた。驚くべき抜擢だった。

これに関して孝謙は、「私は出家しているが政治をとらなくてはならない。出家した天

皇には、出家した大臣があってもよいだろう。道鏡は私の師である」と述べ、政治に参画させたのである。

悲惨なのは、後援者の仲麻呂をなくした淳仁天皇であった。彼に対する孝謙上皇の仕打ちは、あまりにひどかった。

彼女は「私の父・聖武天皇は、私を皇位につけるさい、『王を奴隷にしても、奴隷を王にしてもお前の思うままだ』と言った」と述べ、これを理由に、淳仁を皇位から引きずりおろしたうえ、なんと、淡路島へ配流してしまったのである。命の危険を感じた淳仁は配所からの逃亡を図ったが、捕まってしまった。

その翌日に死去したというが、おそらく殺害されたのだろう。孝謙の怒りの深さがはかりしれよう。

天平神護元年（七六五）閏十月、孝謙上皇は道鏡を太政大臣（朝廷の最高位）禅師にすえて、政務一切をまかせることにした。一介の僧侶が太政大臣に就任するなど、かつてなかった異例な事態である。

伝統のなかに生きている貴族は、こうした前例のない抜擢を喜ばない。道鏡に密かに反感をいだいた人々も多かったはず。けれど、勢いを得た道鏡の権力に立ち向かう者は現れなかった。

翌月、孝謙上皇は重祚《ちょうそ》（再び即位すること）して称徳《しょうとく》天皇となった。そんな称徳のもとで道鏡は、仏教政治を展開したといわれるが、これまでの政治とそれほど大幅に変わったところは見られない。

翌年十月、道鏡は法王となった。この新たなポストは、仏の世界において天皇に匹敵する地位であり、同時に法臣、法参議という新たな官職も創設された。

称徳天皇は、道鏡を天皇に即位させようと考えたようだ。いつからそう思い始めたのかは明確ではないが、重祚したさいに皇太子を定めていないので、この頃から密かに計画していたのかもしれない。自分の死んだあと、遠い縁戚に皇位を渡すくらいなら、愛する道鏡を天皇にしたい。そう考えるのは、自然な感情だろう。

それでも道鏡が節度ある人物で、臣下の地位に満足していたならよかったが、この男はあくなき野心家だった。いつしか皇位につくことを夢に見始め、その実現に動き出したのである。

神託とともについえた前代未聞の皇位継承

そんな神護景雲三年（七六九）、

「もし道鏡を皇位につけたなら、世の中は平和になるだろう」

という神託が、九州の宇佐八幡宮から都にもたらされた。これを告げたのは、豊前介《ぶぜんのすけ》・中臣習宜阿曽麻呂《なかとみのすげのあそまろ》であった。宇佐八幡宮は、九州の豊前国にあったので、おそらくこの神託は九州で大宰府（九州を支配する朝廷の重要機関）の長官をしていた道鏡の弟・弓削清人《ゆげのきよひと》らが仕組んだものと思われる。

当然、称徳天皇も気づいただろうが、知っていてわざとそれに加担したのだろう。神託を確認するため天皇が遣わしたのが、腹心の和気広虫《わけのひろむし》の弟・清麻呂《きよまろ》だったことが、その証拠だといえる。

ところが、宇佐八幡宮から戻った清麻呂は、「臣下が主君になったためしはない。天皇にはかならず皇族を立てよ。この原則に合わない道鏡は、ただちに排除せよ」という神のお告げを持ち帰ってきたのだ。

道鏡や称徳天皇にとって、予想外というよりは、稲妻に直撃されたような衝撃的な回答だったろう。

それは、この復命を耳にした称徳天皇が、「清麻呂と広虫は妄言を私に語った」と激怒し、清麻呂を別部穢麻呂《わけべのきたなまろ》、広虫を別部狭虫《わけべのさむし》と改名させたうえ、それぞれ大隅国と備後国に流刑したことでもわかる。

しかし清麻呂の復命は、たちまち貴族間に知れ渡り、道鏡の皇位継承の総仕上げと考えていた神託が、一転、道鏡政権の基盤を揺るがすことになった。もはや、皇位を継ぐどころの話ではなくなってしまった。こうして道鏡の野望は、思わぬかたちで潰えたのだった。

では、なぜ清麻呂は、こんなお告げをもってきたのだろう。

じつは、いったん清麻呂は、宇佐八幡宮の神官から「道鏡を皇位に立てよ」という神託をうけていた。けれど、それが信じられずに一人で神社本殿に引き返し、そこで今度は本当に神の声を聞いたという。そして悩んだすえ、後者を称徳に復命したというわけだ。

神託事件の翌月、称徳天皇は由義宮《ゆげのみや》に行幸した。由義宮は、道鏡の出身地・河内国に造営したもので、この宮は「西京《にしのきょう》」と呼ばれ、平城京に対する副都の機能を果たした。しかし精神的なショックからか、翌年、称徳天皇は病にかかり、五十三歳でその生涯を閉じてしまった。

道鏡は称徳天皇の死後、その陵墓にとどまって、ひたすら経をとなえ続けたという。策略家の道鏡だが、彼も本当に称徳天皇を愛していたのだろう。

しかし、天皇の死後まもなくして道鏡は失脚し、下野《しもつけ》国薬師寺へ左遷され、それから二年後、死没してしまった。太政大臣禅師にまでのし上がった道鏡だったが、その葬儀は、庶民の礼をもって執行されたという。

いずれにせよ、皇族以外の人間に皇位を継承させる奇策は、伝統を重視する貴族たちから受け入れられず、未遂に終わったのである。

後《ご》醍《だい》醐《ご》天皇

南朝初代天皇、第96代天皇

1288年～1339年

二つの幕府と戦い南朝に託した天皇親政への「執念」

家系図

- 後宇多天皇
  - 後二条天皇
    - 邦良親王（皇太子）
  - **後醍醐天皇**
    - 尊良親王
    - 世良親王
    - 護良親王（大塔宮）
    - 宗良親王（征東将軍）
    - 恒良親王（皇太子）
    - 成良親王
    - 後村上天皇（義良親王）
    - 満良親王（花園宮）
    - 懐良親王（征西将軍）

河合先生の ここがポイント！

後醍醐天皇は、そもそもなぜ、150年続いてきた鎌倉幕府を倒そうと決意したのだろうか。

後醍醐の時代、皇統は持明院《じみょういん》統と大覚寺《だいかくじ》統に分裂し、鎌倉幕府の仲裁で両統が交代交代で皇位についていた。

大覚寺統の後醍醐は、やがて皇位を持明院統に譲らなくてはならなかった。しかも、そのさい、皇太子になるのは後醍醐の息子ではなかった。じつは後醍醐は、大覚寺統でも一時凌《しの》ぎの中継ぎであり、別の皇子（兄の子）が皇太子になることが決まっていたのだ。

しかし、強烈な個性を持つ後醍醐天皇は、何としても己の直系を天皇にしたいと考え、これまで慣例だった院政を廃して親政を開始し、さらに倒幕を企てたのである。

そう、後継者問題が建武《けんむ》政府を誕生させるきっかけになったのだ。

ワンポイントリリーフとしての皇位継承

後醍醐天皇は、父の後宇多《ごうだ》上皇から皇太子に任じられるさい、「お前は一代限りの治天《ちてん》の君《きみ》である」という約束のもとで、立太子したという経緯があった。

治天の君とは、朝廷の実質的な権力者のこと。

後宇多上皇は、やり手の政治家であった。

「生まれながら聡明で経史をよく知り、漢詩が巧みで書もうまい。彼のおかげで朝廷の政治は安定した。まさに末代の英主である」

そんなふうに花園上皇から讃えられるほどだった。

後宇多上皇は、自分の第一皇子である邦治《くにはる》親王を即位させ、その（後二条天皇）もとで治天の君として院政を展開していた。ところが、後二条天皇がまだ二十四歳の若さで亡くなってしまったのだ。両統迭立《りょうとうてつりつ》の原則により、持明院統の富仁《とみひと》親王が即位して花園天皇となった。

当然、新しい皇太子は大覚寺統から出すことになるわけだが、その有力候補は、後宇多の弟である恒明《つねあき》親王だった。ところが後宇多は、関東申次衆《かんとうもうしつぎしゅう》（幕府と朝廷のあいだの取次役）の西園寺《さいおんじ》実兼《さねかね》と結んで、強引に自分の次男である尊治《たかはる》（後の後醍醐天皇）を皇太子としたのだ。

そして、文保二年（一三一八）に花園天皇が退位すると、尊治を即位させたのみならず、次の皇太子も大覚寺統から邦良《くによし》親王（後二条天皇の長男で、後宇多の嫡孫）を立てることを幕府に了承させた。そう、両統迭立の原則を崩すことに成功したのだ。

当初、後宇多上皇は、邦良親王をすぐに即位させて再度院政を敷こうと考えたようだが、邦良が幼いうえに病弱だったので、次男の尊治をワンポイントリリーフにしたのである。それは、後宇多から後醍醐への天皇領の譲り状に、「おまえが退位したあと、この所領は邦良に譲り、おまえの子孫は親王として邦良を助けるように」といった趣旨が書かれていることでもわかる。

ただ、しばらくすると後宇多は体調を崩し、仏道にのめり込んでいった。そこで後醍醐天皇は、即位から三年後、後宇多上皇の院政を停止した。政治力が弱まった後宇多に対し、圧力をかけたのではないかといわれる。

これ以後、後醍醐天皇は何としても中継ぎの立場から脱し、自分の直系に皇位を伝えたいと考え、政治に辣腕をふるうようになった。

機を見るに敏な倒幕への流れ

元亨四年（一三二四）六月、後宇多法皇が亡くなった。皇太子の邦良親王は、後醍醐が自分に皇位を譲るのか心配になったようで、六条有忠《ろくじょうありただ》を鎌倉に派遣し、幕府に皇位継承の打診をおこなった。

これを知った後醍醐は、「近いうちに譲位せざるを得ない。そうなれば、自分のみならず子孫に至るまで、皇族の枝葉末節として生きていくことになる」そう思い、これを阻止すべく倒幕を企てたというのである。

ふつうなら百五十年間も続いた鎌倉幕府を、そう簡単に倒そうと思わないだろう。が、それを実現しようとしたところに、後醍醐天皇の剛毅さがあったといえる。

しかも、後醍醐は馬鹿ではない。きちんと時勢も読んでいた。

この時期、元寇《げんこう》での痛手や分割相続による所領の細分化、貨幣経済への不適応によって、御家人《ごけにん》の貧窮に拍車がかかっていた。一方、幕府では得宗《とくそう》（北条氏の嫡流の当主）が専制をおこない、重職や守護の過半を北条一族が独占していた。このため御家人たちは、北条幕府に不満を募らせていたのだ。なのに、得宗の北条高時《たかとき》は闘犬や田楽にうつつを抜かし、政務を一任された内管領《うちかんれい》（得宗の重臣）の長崎高資《ながさきたかすけ》もひどい政治をおこなっていた。

こんな状況だったので、後醍醐天皇は幕府を打倒するのは不可能ではないと踏んだのだ。後醍醐天皇の意を受け、日野資朝《ひのすけとも》や日野俊基《としもと》ら公家が土岐頼員《ときよりかず》、多治見国長《たじみくになが》ら武士を味方に引き込み、挙兵計画を進めた。が、事前に事が露見し、挙兵は失敗に終わった。これを正中《しょうちゅう》の変と呼ぶ。

「自分は一切計画には関与していない」と、後醍醐天皇はシラを切り通したこともあって、処罰されなかった。

なお近年、正中の変は後醍醐を退位させるための、持明院統か邦良親王派の陰謀だったという説もあるが、とりあえず通説に従っておく。

それからも後醍醐は、倒幕の意志を変えなかった。日野俊基らを使って計画を進め、元徳二年（一三三〇）になると、延暦寺や興福寺、東大寺に行幸して僧兵を味方につけ、盛んに幕府調伏《ちょうぶく》の祈禱をおこなうようになった。だが、重臣の吉田定房《よしださだふさ》が幕府に出訴したことで、またも計画は失敗してしまう。すると後醍醐は、元弘元年（一三三一）八月二十四日、宮中から抜け出して笠置山で兵を糾合《きゅうごう》したのである。

幕府は大仏貞直《おさらぎさだなお》、金沢貞冬《かなざわさだふゆ》、足利高氏《あしかがたかうじ》（のちに尊氏）ら北条一族を総大将に二十万八千騎を派遣した。このため後醍醐は、笠置山から逃亡したが捕縛され、持明院統の光厳《こうごん》に譲位させられ、隠岐へと流された。

けれど、その後も護良親王《もりなが》（後醍醐の第三皇子）や楠木正成《くすのきまさしげ》（河内の悪党）が畿内を中心に粘り強くゲリラ活動を展開した。その結果、幕府の重臣・足利高氏が天皇方に寝返り、京都の六波羅探題《ろくはらたんだい》（幕府が朝廷を監視し、西国をまとめるために置いた）を滅ぼした。ほぼ同時期に、幕府の御家人・新田義貞《にったよしさだ》が鎌倉を陥落させたことで、元弘三年（一三三三）五月に幕府は滅亡した。

建武政府の崩壊と迷走する跡目争い

翌月、隠岐を脱出した後醍醐は京都に戻り、光厳天皇を退位させて天皇の地位に返り咲いた。そして、光厳が定めた正慶という元号を自分の頃の元弘へ戻し、元弘の乱以前の朝廷の叙位はすべて無効とした。また摂政・関白を廃止し、自分に敵対した関白の鷹司冬教《たかつかさふゆのり》や太政大臣の西園寺兼季《かねすえ》らの官職を剝奪した。そのうえ太政官制に大規模な改変を加え、太政大臣も欠員として、天皇独裁体制を敷いたのである。

翌年、元号を建武と改めたので、後醍醐の新政権を建武政府と呼ぶ。ただ、後醍醐天皇は思いつきで次々と新令を出すものの、すぐに機能不全におちいり、法律を改定するといった愚策を重ね、建武政府は急速に支持を失っていった。

この政権は、あらゆる階層に評判が悪かった。公家は、これまでの伝統を後醍醐が「未来の先例だ」といって平然とぶち破ることに不平を抱いていた。また、公家に政権担当能力がないことがわかると、後醍醐は太政官制をないがしろにして、政府の組織を鎌倉幕府の形態に近づけ、旧御家人を大量に登用した。

一方、武士たちも、公家に厚く武士に薄い倒幕の恩賞に強烈な不満を持ち、源氏の名族である足利尊氏を将軍にして、幕府の再興を望む声が高まっていった。

そんな尊氏に対抗しようとしたのが、先述の護良親王であった。後醍醐天皇の第三皇子（母は民部卿三位局《みんぶきょうさんみのつぼね》）で、かつて天台座主《てんだいざす》（比叡山延暦寺の住職で天台宗のトップ）をつとめていた。後醍醐が挙兵すると、護良は比叡山の僧兵らを率いて熊野や吉野の山奥を拠点としてゲリラ戦を展開して鎌倉幕府を大いに悩ませた。こうした彼の奮闘が、幕府崩壊の一因をつくったのはたしかだった。

護良親王は、「尊氏が征夷大将軍になって全国の武士を統率するようになったら、きっと建武政府を倒してしまうだろう」と心配し、後醍醐に自分を将軍にするよう求めたという。そこで後醍醐は、護良を征夷大将軍に任命したが、まもなく解任してしまう。それだけでなく、護良の身柄を拘束してライバルの尊氏に引き渡したのである。

それは、阿野廉子《あのれんし》の讒言《ざんげん》を信じたからだといわれる。後醍醐が西園寺禧子《きし》を中宮（皇后）に迎えたさい、禧子のお付きとしてやって来た一人が廉子であった。やがて後醍醐は美貌の廉子を側室にして寵愛するようなり、隠岐に流されるさいも二十人いた妻妾のうち、彼女だけを現地に伴った。

尊氏はそんな廉子に近づき、彼女から後醍醐に「護良親王は皇位を狙い、あなたの暗殺をたくらんでいます」と言わせたのである。これを信じた後醍醐は、わが子の護良を処罰したのだという。

廉子が尊氏に協力したのは、武勇にすぐれた護良を次期天皇に推そうという声が少なくなかったからだ。廉子は後醍醐とのあいだに三男二女をもうけていた。廉子としては、わが子の皇位継承を確実なものにするためにも、護良はじゃまな存在だった。

後醍醐には少なくとも十数名の子供がおり、皇子はわかっているだけで八人いる。倒幕を企てる前、後醍醐は二条為子《にじょういし》とのあいだに生まれた第一皇子（尊良親王《たかよし》）を皇太子にすえようと幕府に働きかけたが、持明院統の反対によってうまくいかなかった。

そこで今度は、遊義門院一条局《ゆうぎもんいんのいちじょうのつぼね》（参議・西園寺実俊《さねとし》の娘）が生んだ世良《よよし》親王（第二皇子）を皇太子にしようとしたが、感染症で早世してしまった。そして今回、第三皇子の護良親王が失脚したのである。なお、護良は鎌倉に幽閉され、やがて足利直義《ただよし》（尊氏の弟）によって殺害されてしまった。

全国にばらまいた自分の分身たち

護良が失脚した後、後醍醐は廉子の長男（第五皇子）である恒良《つねよし》親王を皇太子にすえ、建武二年（一三三五）、廉子を准三后《じゅさんごう》（皇后に準じる地位）に叙し、広大な領地を与えた。

だが同年、尊氏が関東で叛旗をひるがえし京都に迫ってきた。いったん後醍醐方の軍勢がこれを撃退したが、まもなく九州から再来した足利軍に京都を制圧されてしまった。このとき比叡山に逃れた後醍醐天皇だったが、ついに尊氏に降伏、建武政府は瓦解したのである。

しかしながら後醍醐天皇は、比叡山から京都へくだる直前、自分の皇統が皇位を継承できるよう、己の分身である息子たちを各地にばらまいたのである。

まずは重臣の新田義貞に対し、「私はいったん尊氏と和睦し、しばらく、ときを待つことにする。とはいえ、私が京に戻ってしまえば、おまえは朝敵の汚名を受けるだろう。そこで皇太子の恒良親王にこの場で譲位する。おまえは新帝の恒良を奉じて北国へ向かい、その地を従え大軍で捲土重来《けんどちょうらい》せよ」と命じたのである。

こうして京都へ入った後醍醐は、持明院統から即位した光明《こうみょう》天皇に三種の神器を渡し、上皇となった。このおり、成良《なりよし》親王（廉子の次男）が皇太子についた。鎌倉時代の両統迭立の原則に戻ったのだ。

なお、後醍醐が期待したとおり、新田義貞は恒良親王を奉じて北陸で大きな力を持ち始めた。これに勇気づけられたのか、後醍醐は幽閉先の花山院（花山院家が所持する邸宅）から出奔《しゅっぽん》して大和の吉野へ移った。吉野の地は山に囲まれた天険の地で、近くを流れる吉野川を利用して紀伊や伊勢へ行くことができた。また、奈良盆地や河内にもほど近い交通の要衝地で、後醍醐方の武士たちが多かった。

後醍醐が吉野にいるとわかると、武士たちが続々と集まってきた。後醍醐は光明天皇に渡した神器は偽物で、私こそ真の天子だと公言した。こうして新たな朝廷（南朝）が成立したのである。まさに後醍醐は不屈の精神の持ち主だといえよう。

もし後醍醐天皇が長生きしたなら、ひょっとしたら尊氏の武士政権（室町幕府）を倒したかもしれない。しかし惜しいかな、それからわずか三年後の延元四年（一三三九）八月十六日、五十二歳の若さで生涯を閉じてしまった。

だが、死に臨んでも京都奪還の希望を捨てず、「玉骨《ぎょっこつ》はたとひ南山《なんざん》の苔《こけ》にうずまるとも、魂魄《こんぱく》は常に北闕《ほっけつ》の天を望まんと思ふ」と臣下に遺言した。自分はたとえ魂となっても、北闕、すなわち京都を望むというその言葉のなかに、恐ろしいまでの執念を感じる。

事実、足利尊氏は後醍醐の怨霊に恐れおののき、天皇の霊魂を供養するため天龍寺を創建するなどしている。

明治政府をも動かした後醍醐南朝の執念

南朝では廉子の三男・義良《のりよし》親王が即位して後村上《ごむらかみ》天皇となったが、まだ十二歳だったこともあり、家臣たちによる集団指導体制がとられた。ただ、後醍醐という求心力を失って急速に南朝は力を失っていった。新田義貞につけた恒良親王は、前年の金ケ崎《かねがさき》の戦いで敗れて捕虜となり、京都に連れ戻されたあと、弟の成良《なりよし》親王とともに毒殺されてしまったという。まだ少年なのに、ずいぶんとむごいことをする。

このとき、後醍醐の第一皇子・尊良《たかよし》親王も金ケ崎で足利軍に抵抗したが、かなわないと見るや、新田義顕《よしあき》（義貞の子）とともに自害した。

こうして次々と後醍醐の皇子たちは命を落としていったが、蒔《ま》いた種は彼らだけではなかった。第四皇子の宗良《むねよし》親王（母は二条為子）は、遠江、越中、越後と各地を転戦し、信濃国の大河原を拠点とし、「信濃宮《しなののみや》」と称して三十年近くも室町幕府に抵抗し続けた。一時は鎌倉を制圧するほどの大きな力を持った。

こうした宗良親王のしぶとい活動もあって、南朝は一時京都を占拠するなど、勢力を回復するようになった。

さらに、である。

後醍醐天皇にはもう一人、皇子がいた。それが懐良《かねよし》親王（母は二条藤子）だ。

後醍醐は政権が崩壊したとき、懐良を征西大将軍《せいせいたいしょうぐん》に任じて九州へ向かわせたのである。

まだ懐良は八歳だったが、わずか十二名の家来に連れられて出立した。ただ、幕府の目を盗んで西下するのはかなり大変だったようで、なんと九州入りできたのはそれから三年後のことだった。

懐良一行はひとまず日向国へ入り、薩摩の谷山城を経て菊池氏の庇護を受けることに成功した。ここまで来るのになんと十三年の月日が流れていた。

幕府が内乱（観応《かんのう》の擾乱《じょうらん》）の最中だったこともあり、懐良親王のもとに参集する武士も増え、その勢いで九州探題（幕府の九州統治機関）の一色範氏《いっしきのりうじ》を追放し、幕府方の大友氏時《おおともうじとき》や畠山直顕《はたけやまただあき》を破り、北九州一帯を制圧した。さらに尊氏が死去した翌年の正平十四年・延文四年（一三五九）七月、最大の敵対勢力である少弐頼尚《しょうにょりひさ》を激戦のすえに打ち破り、ついに九州全土を平定したのである。

さらに驚きなのは、明と国交を開いたことである。

明の太祖は九州を拠点に中国沿岸を荒らし回る倭寇《わこう》（日本人海賊）に手こずり、懐良親王に倭寇の取り締まりを要請してきた。懐良は明に臣従するかたちで国交を樹立し、「日本国王良懐《りょうかい》」と称したのである。明の保護のもと、日本から九州を切り離して独立国として存続させようと考えたのかもしれない。

三代将軍義満《よしみつ》は、この動きに焦ったのか、正平二十五年・応安三年（一三七〇）足利一門で名将と謳われた今川了俊《いまがわりょうしゅん》を九州探題として九州へ遣わした。このため今川軍に押されて南朝は勢力を失い、弘和三年・永徳三年（一三八三）に懐良親王は没したと伝えられる。ようやく南朝の後亀山《ごかめやま》天皇が将軍義満の招きに応じて京都に戻り、元中九年・明徳三年（一三九二）、北朝の後小松《ごこまつ》天皇に神器を渡すかたちで譲位した。南北朝が合一したのは、南朝が成立してから六十年後のことであった。

けれど、その後も南朝勢力の一部は幕府に反発し続け、応仁の乱頃まで後醍醐天皇の子孫たちが抵抗していた。

また、江戸時代になっても、南朝を正統とする学者が少なくなかった。幕末の志士たちも、自分たちを南朝の遺臣になぞらえ、江戸幕府を室町幕府にダブらせて倒幕を実現させたのである。

さて、明治時代になって国定教科書がつくられたが、歴史教科書の項目に「南北朝時代」と明記されていたことが、大きな問題となった。明治維新の流れもあって、南朝こそが正統な朝廷だという共通認識が、国民のなかに生まれていたからだ。このため、結局政府は教科書を作成した学者を処罰し、項目も南朝が政権を置いた吉野にちなみ、「吉野時代」と改めた。

さらに驚くべきは、明治天皇が南朝を正統な朝廷だと決定したことだ。そして、北朝の天皇を皇統から削除したのである。明治天皇自身が北朝出身なのにもかかわらずだ。

「玉骨はたとひ南山の苔にうずまるとも、魂魄は常に北闕の天を望まんと思ふ」

この後醍醐天皇の遺志が、実現したように感じられる出来事である。

天皇家の分裂と南北朝の合一

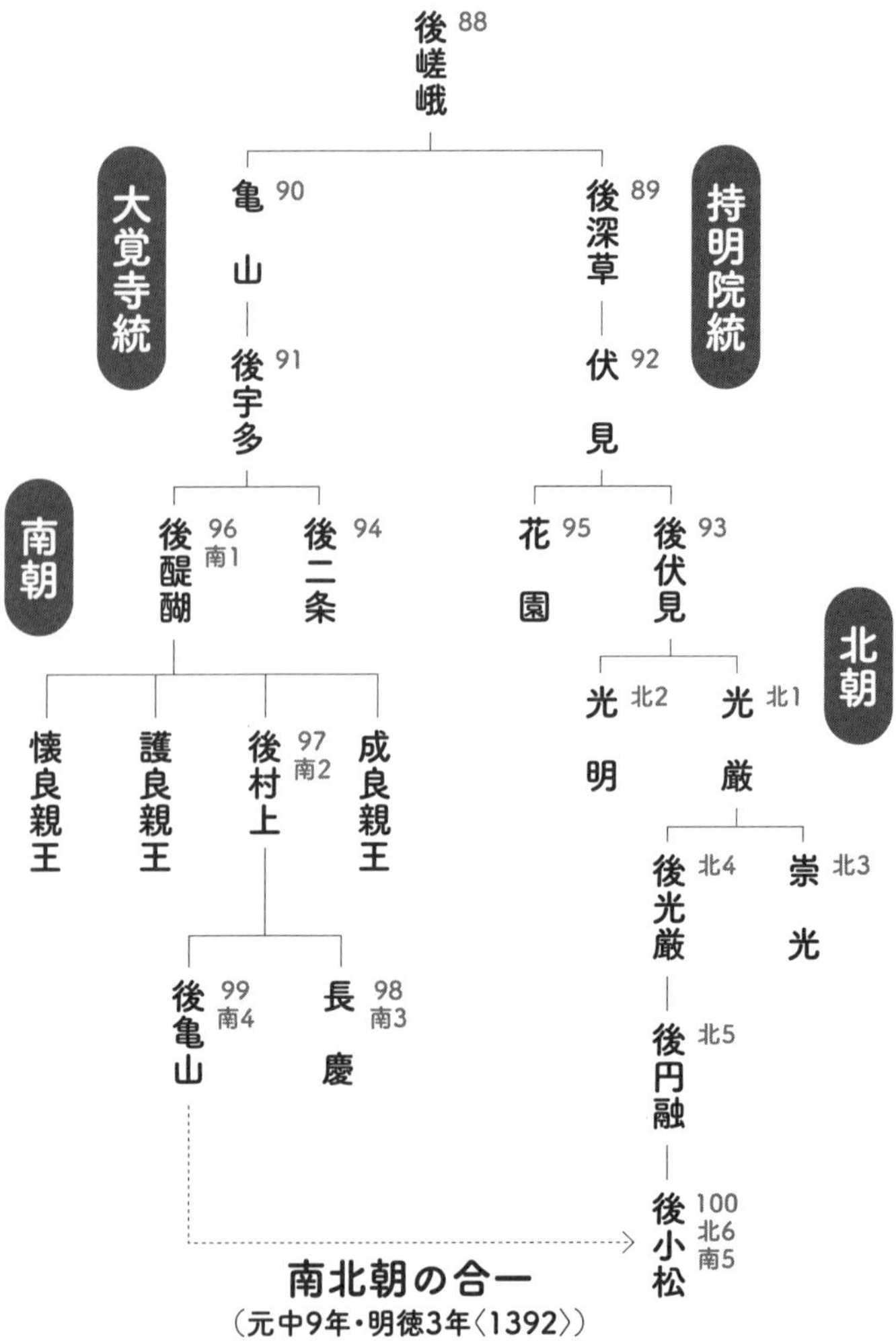

第6章

近代日本経済の両巨頭で明暗が分かれた「二代目教育」

▶岩崎弥太郎
（1835～1885）

▶渋沢栄一
（1840～1931）

岩《いわ》崎《さき》弥《や》太《た》郎《ろう》

土佐藩士、三菱財閥創業者
1835年～1885年

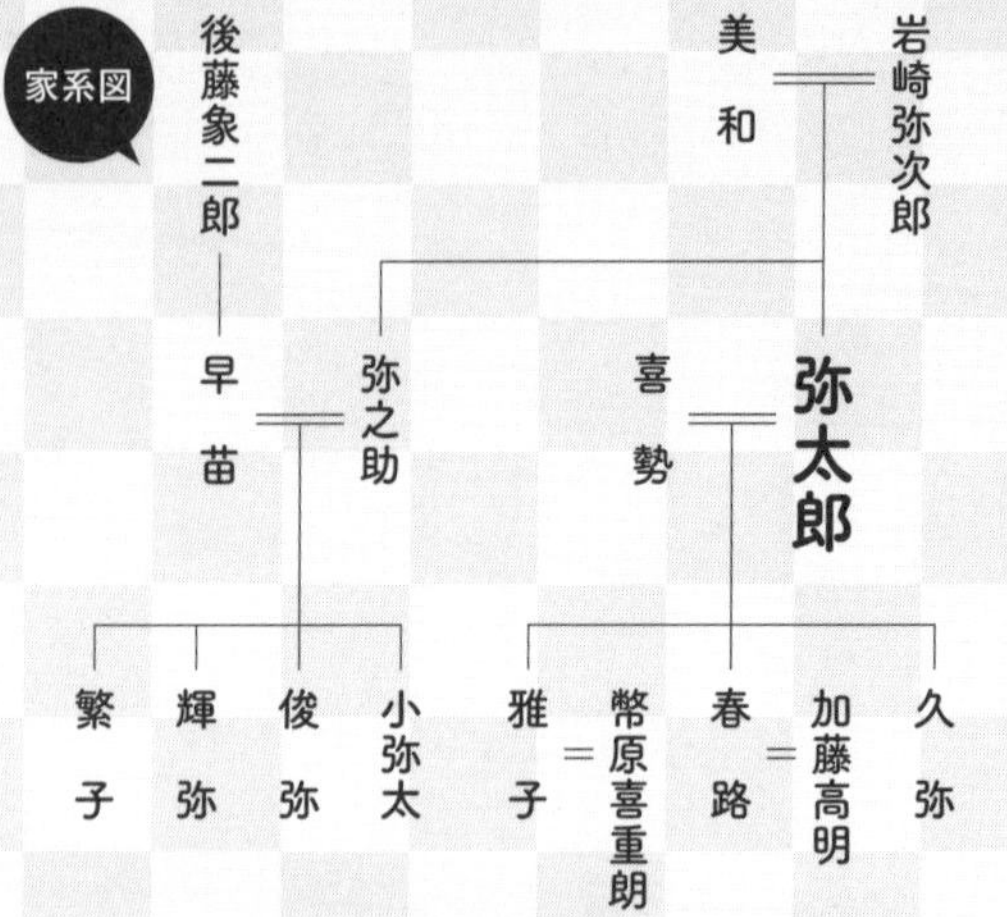

巨大財閥「三菱」の運命を決めた“戦国大名の後継術”

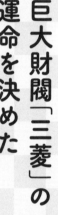

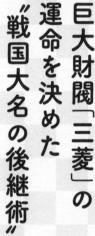

河合先生の ここがポイント！

日本を代表するリーディングカンパニーの三菱グループ。その創始者として知られるのが、同じく土佐出身の坂本《さかもと》龍《りょう》馬《ま》らとともに幕末に活躍し、明治に入ると海運業で巨万の富を築き上げた岩崎弥太郎だ。

だがじつは、弥太郎の死の直前、政治家も入り乱れた激しい競争の末、事業の中核である海運業を失い、「三菱」の名も消えてしまう。では、なぜそこから、現在に至る「三菱財閥」へと、復活をとげることができたのか。

そのキーポイントとなったのが、弥太郎の後継者教育だ。ロールモデルとして病床の弥太郎がイメージしたのが、戦国時代の名将が実現したお家存続の理想形だった。弥太郎は、岩崎家をいったいどのように、そして、どこへ導こうとしていたのだろうか。

日本の「海運王」がつくり上げた三菱商会

岩崎弥太郎は、土佐安芸郡井ノ口村に弥次郎の長男として生まれた。岩崎家は地下浪人（武士の権利を売り渡し、農村に土着した家柄）だった。しかし、元武士といっても、その日常は一般の農民と何ら変わらなかった。

若いときに学者になることを夢見て江戸に遊学するが、父親が庄屋の島田便右衛門《しまだべんえもん》といざこざをおこして帰郷を余儀なくされ、安芸郡の奉行所ともめて投獄されたうえ、出獄後は他村で蟄居《ちっきょ》処分となった。

しかし、このおり、近くで謹慎していた土佐藩の参政（藩政の最高責任者）・吉田東洋《よしだとうよう》に弟子入りし、後日、そのつてで藩の下級役人となった。その後、東洋が暗殺されて一時、失脚してしまうが、参政の後藤象二郎《ごとうしょうじろう》（東洋の甥）に商才を見込まれ、長崎にある土佐商会（藩営の海運商社）の実質的責任者となった。

さらに慶応四年（一八六八）になると、後藤は地下浪人の弥太郎を格式御馬廻《かくしきおうままわり》（上士）とし、土佐商会の最高経営者に任じた。弥太郎は、商都の大阪に土佐商会の拠点を移し、商売を広げていった。明治四年（一八七一）の廃藩置県のさい、弥太郎は旧土佐商会の船や建物などを藩から譲り受けたが、そのかわりに士族（旧藩士）を社員として雇うことになった。同五年には三川商会と改め、弥太郎個人の海運会社となった。そして翌明治六年（一八七三）、三菱商会と改名したのである。

一方、明治四年（一八七一）に渋沢栄一と三井物産の益田孝《ますだたかし》らが、政府の保護と助成金を得て半官半民の日本国郵便蒸気船会社を創設した。三菱商会は、同社と激しい競争を繰り広げたが、明治七年（一八七四）の台湾出兵で情勢は大きく変わった。

政府は当時、日本の海運を牛耳っていた外国の海運会社に兵や食糧の輸送を依頼するつもりだった。ところが、出兵に反対した列強諸国は、自国の海運会社に対して台湾への輸送に協力することを禁じた。そこで政府は、日本国郵便蒸気船会社に輸送を命じたのだが、なんと同社は依頼を拒絶したのだ。清国の攻撃が想定され、危険なうえに利益も出ないからである。それに、もしこの仕事を受けてしまったら、三菱との競争が不利になる。

困った政府は、今度は三菱に台湾への輸送を打診した。すると弥太郎はこれを千載一遇のチャンスと考えて快諾、見事にその任務をやりとげた。政府の大久保利通《おおくぼとしみち》は弥太郎の貢献に対し、絶大の信頼を置き、政商として保護を加え、日本の海運業を独占させることに決めた。

このため、明治十年（一八七七）の西南戦争の物資輸送では、三菱は莫大な利益を上げたといわれる。同社はこの時期、六十隻以上の汽船を有しており、それは汽船の総トン数の七十%を超えたという。こうして三菱は、寡占的巨大海運会社となり、弥太郎は「海運王」と呼ばれるようになった。

「明治十四年の政変」から始まった死闘

ところが、明治十四年（一八八一）、繁栄を謳歌していた三菱に最大の危機が訪れる。同年、政府における三菱の最大庇護者だった大隈重信が失脚してしまったのである。この事件を明治十四年の政変と呼ぶ。

事件の発端は、開拓使長官だった黒田清隆《くろだきよたか》（薩摩出身）が、開拓使の廃止に伴い、開拓使の官有物を同郷の五代友厚《ごだいともあつ》らに不当に安い値段で払い下げようとした（事実ではない）という噂が流れ、自由民権派に激しい攻撃を受けたのだ。長州出身の伊藤博文《いとうひろふみ》は、「これは、政府高官の大隈重信《おおくましげのぶ》（佐賀出身）が民権派にリークしたのだ」と黒田に伝え、薩長閥が連携して大隈を政府から追放したのである。

ちなみに黒田は、開拓使官有物払下げ事件で自分を窮地に追い込んだのは、大隈の後援をしていた弥太郎だと確信していた。黒田が同郷の寺島宗則《てらしまむねのり》に送った書簡には、「言語同断なるは、三菱社のごときは、しきりに千金をなげうち、福沢（諭吉）門人四名を派出し、各郡府を煽動し、また三印（三菱）支店にて非常に金をまき、大いに開拓使を壊すの奸計めぐらし、黙止し難き情実に御座候。生（私）が拙策には、断然三印（三菱）の手足を切断する事専一《せんいつ》と存候。この一条に付いては、断然海軍にて従来の条約（政府が三菱を支援するという取り決め）を解き、自由になるよう致す方、上策ならんか。三印（三菱）は、ついに明治政府を左右するの恐れあればなり」

弥太郎が本当にやったかどうかはわからないが、動機は存在する。弥太郎は、北海道に航路を開き、道内産業に進出しようとしていた。なのに、開拓使の官有物が五代らに全部譲渡されてしまったら、進出の余地がなくなるからだ。

翌明治十五年（一八八二）三月、大隈重信を中心に元福沢派官僚や知識人らが立憲改進党を創設した。その資金が三菱から出ていると考えた政府は、三菱に海運を牛耳らせるのは問題だと考え、政府が支援して渋沢栄一や小室信夫《こむろしのぶ》らに巨大な「共同運輸会社」をつくらせ、三菱が運行する航路にことごとくぶつけたのだ。

結果、両社間ですさまじいサービス、スピード、運賃などの競争が起こった。やがて乗客の奪い合いにまで発展し、一説には互いにタダ同然の運賃で客や荷物を乗せたうえ、景品まで出したという。このため、共倒れの危険が出てきた。

困った政府は、両社に合併を打診するが、弥太郎はがんとして応じようとしなかった。むしろ政府からの借金を完済し、戦いを継続する意思を明らかにしたのだ。そして利益の薄い航路を閉鎖して有益な航路に船を集中させ、徹底した経費節減とリストラを断行した。

政府の高官らは、そんな三菱を「国賊」呼ばわりした。これを耳にした弥太郎は「政府がそう言うなら、三菱の船すべてを遠州灘に集めて焼き払い、俺の財産は自由党に寄付して薩長藩閥政府を転覆する！」と宣言した。

なんとも過激な発言だが、それは実現しなかった。激闘の最中、弥太郎は体調を崩してしまったのである。

遺言として命じた「戦国大名流のお家相続」

明治十七年（一八八四）六月から弥太郎は食欲が減退し、八月には妻の喜勢《きせ》の勧めで医者の診察を受けたが、慢性胃カタルと診断され、運動と節制が指導された。しかし、体調は悪化の一途をたどり、伊豆山の相模屋に逗留して長期療養に入った。だが、共同運輸との競争が心配で、本社から連絡のために汽船が伊豆沖合に来るたび、社員が止めても海岸まで出迎えたという。

十月に東京へ戻ったが、病状は悪化しており、弥太郎は別邸の六義園《りくぎえん》に籠もった。胃癌であることが明らかになり、医師から家族に余命三〜四カ月と告知された。ただ、本人には病名や余命を告げなかった。

このときになっても弥太郎は、自ら直接指令をくだした。側近の吉永治道は弥太郎の命令で、一日四十回も本社と六義園を往復して連絡にあたったという。

明治十八年（一八八五）一月、部下の豊川良平《とよかわりょうへい》に「病気が治るのか治らないのかを医者に聞いてこい」と命じている。自分でも復帰は難しいと感じたのだろう。だが、担当の池《いけ》田謙斎《だけんさい》医師は本人に癌告知をしなかった。

同年二月になると毎日嘔吐し、胃の激痛に煩悶、モルヒネがたびたび注射された。発声も困難な状況になり、二月七日に危篤になった。弥太郎は親族や重役を集め、次のように遺言を告げた。

「自分が志したことがほとんど達成できずに、今日に至ってしまった。もはや仕方ないが、今一度盛り返したかった。さても岩崎家は嫡流を尊ぶ家柄なので、久弥《ひさや》（弥太郎の長男）を岩崎家の嫡統とする。弥之助《やのすけ》（弥太郎の弟）は、小早川隆景が毛利輝元を補佐したように久弥を補佐してくれ。弥之助よ、ぜひ小早川隆景になってくれ、孫権は望まぬぞ。弥之助、われの事業をして墜《おと》すことなかれ」

このように毛利元就の死後、小早川隆景が元就の孫・輝元を補弼《ほひつ》したように、長男の久弥を支えて会社を経営してほしいと願ったのである。

対して弥之助は、「兄上よ、私が生きているあいだは、粉骨砕身して努力しますので、ご安心あれ」と答えた。

この他、息子や重役たちにそれぞれ遺言を述べたあと、弥太郎は集まってきた医師たちに右手を挙げて一礼を述べ、ひとしきり煩悶したのち、息を引き取った。まだ五十二歳の若さだった。

弟に施したエリート教育

本来ならば弥太郎は、長男の久弥を跡継ぎにしようと考えていたが、壮年で死を迎えることになってしまった。しかも、自分の死を自覚したのは、亡くなるひと月前であった。そこで急きょ、弟の弥之助に久弥を補佐するという名目で、一時的に経営を委ねることにした。

ちなみに、弥太郎と弥之助の年齢差は十六ある。兄弟というより、もはや親子に近い。弥之助が生まれたのは、嘉永四年（一八五一）。父・弥次郎《やじろう》と母・美和《みわ》の四番目の子供で、次男であり末っ子だった。すでに長姉・琴は二十歳、弥太郎は十八歳、そして次姉の佐幾は十四歳になっていた。あまりに年齢が離れていることから、望まずにできた子だったようだ。間引きするところを、弥太郎の必死の願いで、誕生させたという伝承もある。

しかも弥之助は、兄の弥太郎とは異なり虚弱体質だったようで、生まれてすぐ親や医者も見放すような大病を患っている。

このおり弥太郎は、「どうしてもこの子は助けるのだ！」と言い張って聞かず、つきっきりで看病をし、奇跡的に命を救った。

弥太郎は弥之助の命の恩人だったわけだ。

弥太郎のおかげで次第に岩崎家の暮らし向きも楽になり、弥之助は十七歳のとき高知城下の藩校・致道館《ちどうかん》に入学している。成績抜群の弥之助は給費生に抜擢され、扶持米《ふちまい》一日六合を給与される待遇を受けた。

母親の美和も「弥之助、十五、六歳までは、いろいろ申し聞かせ候えども、十七、八歳よりは少しも申すことなし」（『岩崎彌之助傳』岩崎彌之助傳記編纂会）と日記に記すほど、素直でまっすぐに成長した。

明治二年（一八六九）、弥之助は高知から大阪へ移った。兄の弥太郎が呼び寄せたのである。ここで弥之助は、重野安繹《しげのやすつぐ》の成達書院《せいたつしょいん》に通い、学問に励んだ。

弥太郎は幕末から長崎で外国人と対等につき合い、あるいは部下として使役したが、英語が理解できないことにコンプレックスを抱いていた。そこで明治五年（一八七二）、弥之助をアメリカへ留学させた。

藩校、成達書院、アメリカへの留学と、弥太郎は年の離れた弟に最高の教育を施した。

将来は、自分のよき補佐役にしようと考えていたのだろう。
弥之助は、ニューヨークで語学の習得に励んだ。彼の面倒は弥太郎と取引のあったウォルシュ・ホール商会が一切引き受けたといい、一年ちょっとのあいだに完全に英語をマスターして戻ってきた。頭脳明晰だったこともあろうが、手紙で語学の上達方法を披露している。
「外国に於いて日本人と僅かに同宿候ては、自然日本言葉を相用ゆるに付、何分洋語を覚える邪魔に相成る故、成《な》るたけ日本人と一緒に居ぬよう致す方、大いに為に相成るよし、副社長（弥之助）は一意不通にして、外国人ばかりの処へ追い入れられたり。それ故十六カ月にして十分言葉出来候様相成候よし、心得のために申述べ候」（明治十年、川田龍吉宛書簡）
外国語を学ぶには、日本人との交際を遮断して、現地社会へ完全にとけ込んでしまえというのだ。

兄の遺志を継げず消えた「三菱」の名前

弥之助が帰国したのは、父の弥次郎が明治六年（一八七三）七月二十八日に死去したからである。当時、弥太郎は経営で多忙を極めており、そのまま弥之助を補佐役として事業を手伝わせることに決めた。

翌年、弥之助は結婚する。すでに渡米前、弥太郎が相手を決めていた。かつての上司・後藤象二郎の娘・早苗であった。所帯を持った弥之助は、三菱商会の副社長に就任した。

経営については、弥太郎が手取り足取り教えた。たとえば、あるとき弥之助が白紙に領収書を貼りつけているのを見た弥太郎は、

「おまえは立派な紙を使っているが、全国の三菱支社がすべて新しい紙を使ったら、一年間でどれくらいの費用になると思っているのか。反古紙《ほごし》を用いた場合と新品と幾ら違うか、計算してみよ」

そう叱りつけたのだ。そこで弥之助が実際に計算してみると、なんと四百円の差が出たので大いに驚いたという。

こうして、兄の指導で経営センスを磨いた弥之助だったが、当人も、まさかこんなに早く弥太郎が没してしまい、経営を委ねられるとは思わなかったろう。だが、弥太郎の長男・久弥はまだ二十歳そこそこだったので、仕方のないことだった。

さて、三菱の新社長になった弥之助の最初の難題は、共同運輸との合併の件だった。弥之助としても兄の遺志を守り、戦いを続けたかったが、最終的に政府の仲介を受け入れ、三菱の海運部門と共同運輸との合併を了承したのである。

共同運輸は政府の強力な支援を受けており、このまま戦っても三菱が勝てる見込みは薄く、会社が破綻すれば社員を路頭に迷わせてしまう。また、列強の海運会社につけ入る隙を与え、国益を損なうことにもなりかねない。このため、苦渋の決断を下したのだ。

新しい会社の名称は、日本郵船会社と決定した。資本金は一千百万円、三菱が五百万円の出資に対し、共同運輸は百万円多い六百万。また、社長も弥之助ではなく、共同運輸元社長の森岡昌純《もりおかまさずみ》が就任、理事職も共同運輸側が多かった。だから客観的に見れば、三菱にとっては不利な合併といえた。ともあれ弥之助は、三菱の海運分野の資産をすべて日本郵船へ移譲、従業員約二千二百人のうち約千五百人も移籍した。

こうして、資本と社員の大半が日本郵船へ移り、三菱の社名も消滅した。

「三菱」の復活と兄を反面教師とした多角経営

弥之助の手元に残った事業のなかで、業績がいいのは吉岡銅山（岡山県川上郡）だけだった。しかし弥之助は、兄に負けない新しい会社をつくろうと決心、明治十九年（一八八六）三月二十九日、政府に新会社の設立を届け出た。本社を神田淡路町に置き、社名を「三菱社」とした。ここに再び、三菱の名が復活したのである。

弥之助は、吉岡銅山の鉱山長に東大出身の長谷川芳之助《はせがわよしのすけ》を抜擢、同じく東大出身の原田鎮治《はらだちんじ》を派遣して最新の採掘・精錬法を導入するとともに、多額の資本を投下して近代的設備や機械を整えた。これにより、銅の産出量は飛躍的に伸び、明治末年には月産で鉱石七千トンを生産するまでになった。

さらに次々と鉱山を買収し、その結果、明治四十年度における金の算出量は、全国の企業で三菱が第一位、銀は第二位、銅は第四位となった。

弥之助は炭鉱経営にも力を入れた。弥太郎時代に手に入れた高島炭坑に加え、続々と新たな炭坑を買い入れた。このため明治四十年度における三菱所有の炭坑群からの石炭産出量は、全国の企業で第三位となり、国内の総産出量の一割を占めた。

さらに重工業分野にも進出していった。とくに造船分野に将来性を見出し、政府から借り受けていた長崎造船所を正式に購入する。そして外国人技師や大卒の技術者を高額で雇用したり、造船先進国イギリスに多数の社員を派遣して造船技術を習得させたりした。

このため、わずか数年で長崎造船所は民間としては日本一の技術力を有するようになり、造船の注文が全国から殺到した。明治二十八年（一八九五）には、日本郵船から六千トン級という外国航路用の巨船の注文を受けた。こうした巨船は、これまでは列強諸国の造船所でしか、つくれなかったものである。

その他、倉庫業、保険業、銀行経営、農場経営など、弥之助はさまざまな事業を展開していった。この多角的経営方針は、兄・弥太郎の轍を踏まないためだった。弥太郎は海運業を唯一の主力として突っ走ってきた。その結果が屈辱的な撤退だった。だから弥之助は、タコ足のように諸事業を広げ、大木が台地にしっかり根を張るように、日本経済に食い込んでいったのだ。

日本初のビジネス街「丸の内」の誕生

弥之助の仕事のなかで、評価が高いのは日本初のビジネス街の建設である。江戸時代、丸の内一帯は大名屋敷が林立していたが、明治維新後は陸軍省や司法省、農商務省などの兵舎や練兵場、施設が置かれた。

明治二十年代になると、政府は諸施設を他所へ移すことに決め、空き地を一括して売却しようと競売にかけた。が、手を挙げる企業がなかった。そこで松方正義《まつかたまさよし》蔵相が、弥之助に丸の内の買い取りを依頼したのである。

弥之助は、これを快諾する。彼は、この地に一大ビジネスセンターを建設しようと目論んだ。当時としては突飛な構想だった。弥之助はアメリカに留学したさい、ニューヨークのビジネス街の発展を目の当たりにしており、大きな賭けに出たのだ。

かくして丸の内八万一千坪、三崎町二万三千七百坪を、百二十八万円で陸軍省から買い上げた。これは、当時の東京市の予算の三倍にあたる額だった。土地を購入した弥之助は、一帯の家屋や施設を取り壊していった。結果、東京のど真ん中に壮大な平原が出現した。

これを見た知人が「こんな広い場所をどうなさるのか」と尋ねたのに対し、弥之助は「なに竹でも植えて虎でも飼うさ」とうそぶいたと伝えられる。この平原は、当時の人々から「三菱ヶ原」と呼ばれた。

明治二十七年（一八九四）六月、そんな平原に鮮やかな煉瓦でかたどられた地上三階、地下一階の英国風建築が建った。三菱第一号館である。設計したのは鹿鳴館《ろくめいかん》を担当した有名な英国人コンドルだった。翌年には第二号館、さらに翌々年の明治二十九年（一八九六）には第三号館が竣工。とくに第三号館には英国製のエレベーターがすえつけられた。民間の建物としては、日本で初めてのことだ。

以後、明治四十四年（一九一二）まで、馬場先通り沿いに第十三号館までが並び、人々はこの景観を見て「一丁倫敦《いっちょうロンドン》」と呼んだ。各三菱館には日本中から大企業が入居したが、その後もオフィスビルが建てられ続け、大正時代には東京駅が生まれた。

こうして丸の内は、交通の利便さが増し、戦後は日本一のビジネス街へと発展したのである。

三菱の事業はすべては国のため

明治二十六年（一八九三）、弥之助は会社を合資組織に改め、社名を三菱合資会社にするや、甥の久弥、つまり弥太郎の長男に社長の座をあっさりと譲った。三菱社を創業してからわずかに七年、まだ四十二歳であった。あまりに若い退任といえる。

かつて兄の弥太郎は、死の床で弥之助に「甥の毛利輝元を補佐した小早川隆景のようになってくれ」と依願した。この約束を律儀に果たしたのだ。

弥太郎のつくった三菱商会は、すでに日本郵船という別会社に合併されており、今ある三菱社は、弥太郎がやり散らした小事業をかき集め、弥之助が自らの手で大きく育てたものだった。

それに、弥之助には小弥太《こやた》という息子がいた。だから社長職に留まってときを待ち、小弥太に会社を譲る方法もあった。なにしろ甥の久弥はまだ二十九歳、そんな若者にあわてて跡を継がせる必要はなかったのだ。

一度手中にした権力を手放すというのは、ふつうの人間にとって至難の業である。だからこそ、淡々と社長職を禅譲した弥之助に、私は敬服の念すら覚えてしまう。

企業人としての、弥之助の経営理念は明確だった。富国——すなわち国家の繁栄を最終的に目標とした。欧米諸国に劣らない近代産業を移植し、これを発展させて日本を速やかに一等国に引き上げることを理想としたのだ。実際、弥之助は、甥の康弥に次のように語っている。

「三菱の事業は一門のために経営するのではない。お前たちの中に国家のことを考えず、岩崎家のみを考える者があったなら、三菱は潰したほうがよい。このことを、しっかり腹に入れておくがよい」(『岩崎彌之助傳』)

そうした理念を持って経営にあたったからこそ、三菱は大きく発展したのだろう。

社長引退後、弥之助は第四代日銀総裁に就任、金本位制の導入に成功、わが国が資本主義国家として発展する素地をつくった。

志半ばで退場を余儀なくされた「海運王」岩崎弥太郎は、見事に後継者の選定に成功したのである。

渋《しぶ》沢《さわ》栄《えい》一《いち》

企業家、慈善事業家
1840年～1931年

「日本資本主義の父」が失敗した子育てのツケ

家系図

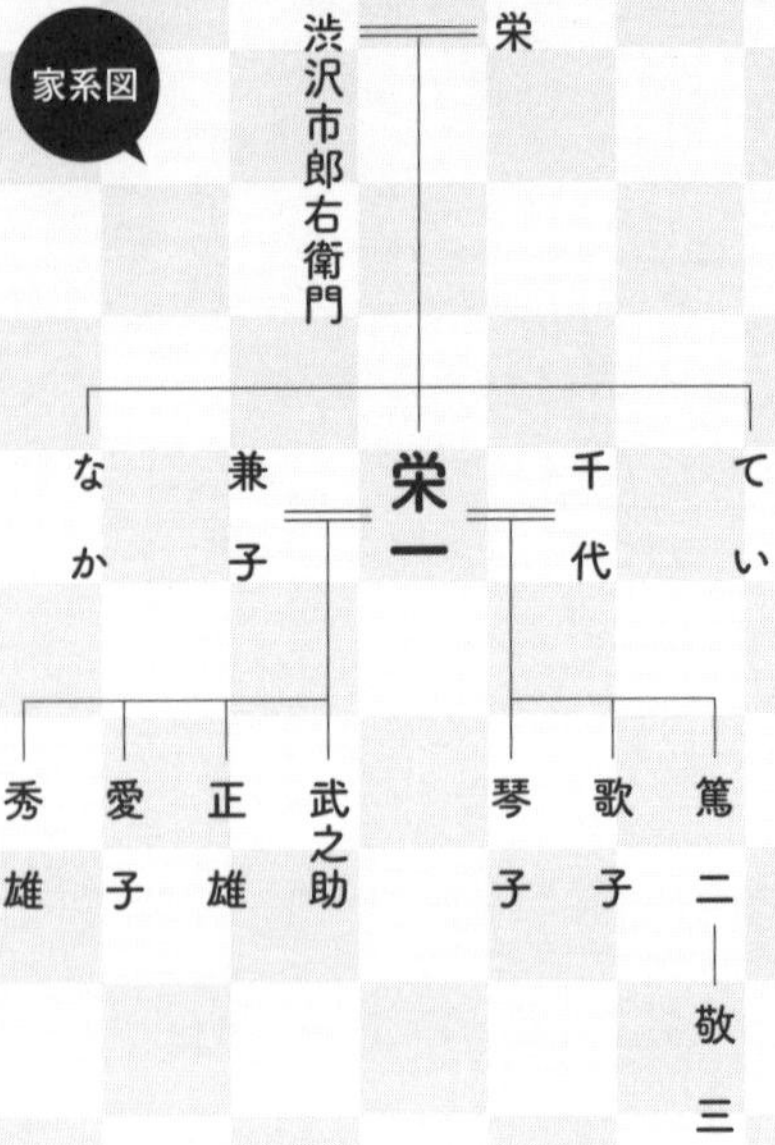

河合先生のここがポイント！

企業500社の創設や経営にたずさわり、「日本資本主義の父」といわれた渋沢栄一だが、他の経営者と大きく異なるところがある。利益追求を第一の目的にせず、公益を図ることを説き、商売で重要なのは「競争しながらも道徳を守ることだ」と主張したのだ。そして儒教の『論語』を座右の書とし、道徳（論語）と商売（算《そろ》盤《ばん》）というかけ離れたものを1つにすること目指した。

さらに、経営の合間に孤児院の運営、明治神宮の創建、日米民間外交、震災復興事業など600もの社会事業をおこなった。到底、一経営者の枠にはまらぬ、近代の偉人といえるだろう。

だが、そんな栄一も後継者の育成に失敗しているのだ。その原因の1つは栄一自身にあった。それはいったいどういうことなのだろうか。

父母から受け継いだ経営の才と慈愛の念

渋沢栄一は、武蔵国血洗島村《ちあらいじまむら》（埼玉県深谷市）の渋沢家に生まれた。父の市郎右衛門《いちろうえもん》は同家の婿養子となり、養蚕や藍玉《あいだま》の製造・販売、金融業などに成功し、渋沢家を豊かにした。おそらく栄一は、父の経営手腕を引き継いだのだろう。

市郎右衛門は、領主（岡部藩）から村役人に抜擢され村の発展に尽くしたが、四書五経《ししょごきょう》などをよく理解し、読んだことは実行に移そうと心がけたという。論語の教え（道徳）を経営に活かした栄一の手法も、父に倣《なら》ったものなのかもしれない。

栄一の母・栄《えい》は慈愛深い人で、人にものを与えるのを唯一の楽しみとしていた。貧しい人を見ると哀れに思って涙を流し、味噌や沢庵を取り出してはあげてしまった。ただ、自身は質素に暮らし、ものを粗末にしなかったそうだ。

隣の女性が不治とされた感染症にかかり、近所の人が敬遠するなか、栄は厭《いと》わずに彼女の着物や食事の世話をし、手計村《てばかむら》の鎮守・鹿島明神の井戸から神水を汲み、彼女の身体を洗ってあげたという。こうした母の姿が、栄一を感化したのは間違いないだろう。

青年時代、栄一は京都に出て一橋《ひとつばし》（徳川）慶喜《よしのぶ》の家臣となり、父から受け継いだ才覚を活かして経済官僚として活躍する。慶喜が将軍になると幕臣に取り立てられ、慶応三年（一八六七）にパリに派遣された。フランス政府からパリ万博への参加を求められた慶喜は、弟の昭武《あきたけ》を派遣、栄一は庶務兼会計係として同行することになったのだ。

帰国後は新政府の大蔵・民部省に入り、郵便制度や鉄道の敷設、富岡製糸場の設置、国立銀行条例の制定など多くの事業にたずさわり、官僚として日本の近代化に尽くしたが、明治六年（一八七三）に政府を下野した。直接的には、軍事費の増額を求める大久保利通と対立したからだが、それ以前より実業界に転身したいと考えていたという。

商工業の発達をはかるため日本初の民間銀行「第一国立銀行」の創設を皮切りに、王子製紙、大阪紡績会社、東京海上保険会社、共同運輸会社、日本鉄道会社、札幌麦酒会社、東洋硝子、帝国ホテルなど、約五百社の創業・経営にたずさわった。

大実業家となった栄一は、自分が成功できたのは社会のお陰だと考え、現役時代から公共事業、孤児の救済、教育の拡充、民間による日米親善外交、田園調布の分譲、明治神宮の創建、関東大震災の復興事業など六百もの社会事業にかかわった。

特筆すべきは、明治初年から関与した東京市養育院だ。明治五年（一八七二）、政府は路上生活者、身寄りのない老人や孤児をここに収容したが、院内の様子に栄一は衝撃を受けた。老人も子供も病人も一緒くたに詰め込まれ、しかも子供に精気がなく、笑いも泣きもせず、無表情だったからだ。

これを見た栄一は、「子供が笑うのも泣くのも、自分の欲望を父母に訴えて満たすため。なのに、この子たちは、泣きも笑いもしない。そうしても、欲求を満たしてもらえないからだ。見ていて淋しくなる。だから私は、この子らに家族的な楽しみを与え、幸福にしてあげたい」そう考えたのである。そして、施設の職員に「子供たちの本当の親になってほしい」と指導したのだ。すると、子供たちの表情はみるみる変わっていったという。

以後、栄一は、東京市養育院に私財を提供するなどして施設の存続・拡大をはかり、長年、院長として子供たちを育成した。栄一が、この活動に熱を入れたのは、人情家で近隣の面倒をよく見た父・市郎右衛門、困っている人を放っておけない母・栄の影響が大きいように思う。幼い頃に両親からたっぷり与えてもらった愛情を、栄一は親のない子たちに返してやったのだ。

栄一の跡取りを襲う重苦しい渋沢家の空気

では、自身の後継者は、どのように育成したのだろうか。

明治二十四年（一八九一）、栄一は渋沢家の家法と家訓を制定した。家法を定めて同族会社（財団組織）をつくり、築き上げた財産を保管・運営することにしたのだ。

本書でも見てきたように、戦国大名や江戸時代の豪商も家訓や規則をつくったが、栄一は西洋のやり方を参考にした。協力したのは、東京帝国大学の教授で法学者の穂積陳重《ほづみのぶしげ》。穂積は栄一の長女である歌子の夫だった。

渋沢家の同族メンバーは全員で十名。渋沢本家の当主である栄一、その後妻の兼子《かねこ》、長男で跡継ぎの篤二《とくじ》。さらに支家（分家）として穂積陳重、その妻で栄一の長女・歌子、次女・琴子《ことこ》とその夫で官僚の阪谷芳郎《さかたによしろう》、栄一の次男・武之助《たけのすけ》、三男の正雄《まさお》、そして三女の愛子《あいこ》である。

ただ、のちに栄一は跡継ぎ（嫡男）の篤二を廃嫡にした。

そのあたりの事情について、これから語っていこう。

栄一の妻・千代《ちよ》は、明治十五年（一八八二）にコレラのために亡くなってしまった。まだ四十三歳だった。このとき、長男の篤二はわずか九歳。栄一は早くも翌年、兼子と再婚している。このとき、栄一と兼子は篤二を手元で養育せず、長女の歌子（篤二より九歳年上）夫妻が引き取って育てることになった。

篤二は幼くして母を失い、父と離れて暮らさなくてはいけなくなったのだ。篤二の心境はわからないが、栄一に見捨てられたと思ったかもしれない。やがて、篤二は趣味や遊びの世界に没頭するようになる。当時は珍しかった自転車を乗り回し、乗馬に明け暮れた。姉夫妻も哀れに思ったのか、何不自由なく金を使わせていたようだ。

だが、篤二にとって姉夫妻との生活は、楽しい暮らしではなかった。

佐野眞一氏はその著書『渋沢家三代』（文春新書）で、次のように篤二の気持ちを推察している。

「右を向いても左をみても息ぐるしくなるような人間関係しか用意されていなかった。傍からみれば篤二はたしかに恵まれすぎるほどの結構な身分だったが、謹厳実直な義兄夫婦の人一倍強い責任感ゆえの過剰な保護干渉と、宗家の跡とりに対する周囲からの期待感は、成長とともに篤二に重苦しくのしかかっていった」

栄一が、渋沢家の跡取り息子の教育を任せてくれたということもあって、歌子夫妻は栄一のような立派な人間に育てようと力を尽くしたようだ。が、それが篤二にとっては大きな苦痛となっていった。

会社経営そっちのけで熱中した趣味の世界

そのうえ栄一の同族は、まじめで堅物が多かった。栄一は毎月一回、同族会を開いたが、そのときの様子を四男の秀雄が次のように語っている。

「正月の同族会は飛鳥山の家で開くのを例とした。広間の正面にすわった父を取りまいて、穂積、阪谷、明石の義兄たちが堅苦しい社会問題を話し合う。姉たちは姉たちで、若い私たちには興味のない話題に専念する。やがて父が改まった調子で「家訓」を朗読しながら注釈を加える。当時としてはもっともずくめな常識倫理だけに、窮屈でつまらなくてやりきれなかった」(渋沢秀雄著『父　渋沢栄一』実業之日本社文庫)

こうした状況に、篤二が嫌気をさしてしまうのも理解できる。

篤二は熊本の第五高等中学校に進学するが、明治二十五年（一八九二）、在学中に不祥事を起こした。その詳細は不明だが、どうやら学校に行かず悪所にいる女のもとに入り浸るようになったらしい。このため、栄一は熊本から篤二を連れ戻し、血洗島村で謹慎させた。ほとぼりがさめた明治二十八年（一八九五）、二十二歳になった篤二は公家出身の橋本敦《はしもとあつ》子《こ》（十六歳）と結婚した。もちろん篤二が望んだ縁組みではなく、親族が勝手に決めた結婚だった。

それでも敦子と関係は円満で、翌年、長男の敬三《けいぞう》が誕生し、その後、続けて息子を二人もうけている。

篤二は明治三十年（一八九七）に栄一が設立した渋沢倉庫部（現・澁澤倉庫株式会社）の部長（支配人）となった。さらに、明治四十三年（一九一〇）に澁澤倉庫会社に改組されたさい、取締役社長に就任した。

だが篤二が熱を入れたのは、会社の経営ではなく、趣味の世界だった。

先の佐野眞一氏によれば、「篤二の趣味は、義太夫、常磐津、清元、小唄、謡曲、写真、記録映画、乗馬、日本画、ハンティング、犬の飼育と、きわめて多岐にわたっていた。そのいずれも玄人はだしだった」（『渋沢家三代』文春新書）という。

渋沢秀雄も長兄・篤二のことを「常識円満で社交的な一面、義太夫が上手で素人離れしていた。諸事ゆきとどいている上に、ユーモラスでイキな人だった」（『父　渋沢栄一』実業之日本社文庫）と回想している。

いずれにしても、栄一と異なり、趣味人であったが経営者としての才能はあまりなかったようだ。

親へのブーメランとなった息子の女性スキャンダル

明治四十四年（一九一二）五月、再び篤二は女性問題を引き起こした。玉蝶《たまちょう》という若い芸者にぞっこんとなったのだ。それだけならよいが、妻の敦子を家から出して、その芸者を家に住まわせると言い出したのである。この醜聞は新聞にも載ってしまった。

じつは栄一は、その著書のなかで、富豪の子息について、次のような文章を残している。

「富豪の子と生まれたものの多くは、親の残した財産を当てにして、自分は働かずとも栄耀栄華をしておればよいと心得るのは、大いなる誤解である。その親が如何に大資産を所有しておるにせよ、自己はどこまでも自己であるという考えを持ち、自分だけの智恵を磨き、社会に立ち得らるるよう心掛けねばならぬ。しかし子供が左様いう心掛けを出したからとて、その親たるものも家から一文も出さぬから、如何にでもして衣食して出よといってはおけない。第一に親の義務として学問をさせてやり、社会に立って恥ずかしからぬ行動の取れるだけにしてやらねばならぬ。また相当な地位を支えて、宣い加減に困難のない生活をして出られるほどの財産も与えてやらねばなるまい。これは親の情というものであろうと思う。これだけにしてもらえば、その子たるものも、もはや、親の財産なぞに目をくれておる必要はない。どれだけでも自己の腕次第に活動ができる。もし左様いう子が富豪の家に生まれたとすれば、これ実に余が主義に合致したる理想的人物である」(『青淵百話・乾』同文館)。

おそらく栄一も、富豪の子である嫡男の篤二を、このように育てたことだろう。

栄一は、篤二に自立心が身につくように支援し、学問をさせ、社会的地位や財産も与えてやった。だが、篤二はその期待に応えなかった。いや、応えられなかったのだろう。

ちなみに、この栄一の本が出版されたのは、篤二がスキャンダルを起こした直後のことであった。もちろん、文章を書いたのは事件より前のことだろうが、何とも皮肉なものである。

結局、篤二のほうが家を出て、別宅をかまえて愛人と生活するようになった。

ただし、こうした息子の行動を責める資格は、栄一にはなかった。じつは栄一も、女性にはかなりルーズだったからだ。もちろん当時は、妻子があっても遊郭に出入りするのは当たり前、金持ちになれば料亭で芸者と遊んだり、妾《めかけ》を持つのは常識で、それが男の甲斐性といわれた。

ただ、問題なのは、栄一は世間に向けて道徳の大切さを声高に唱えていたことである。その矛盾に篤二をはじめ、栄一の子供たちも気がついていた。たとえば四男の秀雄は、「社会的な活動は則天去私に近かったろうが、品行の点では青少年の尊敬を裏切るものがあった」（『父　渋沢栄一』実業之日本社文庫）と、はっきり述べている。

栄一は毎日、日記を几帳面につけていたが、妾宅に行くときは「一友人」を問うと記していた。当時、妾のことをフランス語の「友人」をもじって「アミイ」と呼んでいたが、秀雄は父の妾（アミイ）の存在を少年時代に知ってしまう。

そして「中学二、三年のごろは私も父の一友人に憤慨したが」「一生を通じて父のアミイを苦にしたのは母である。その友人には芸者もいたし、家に使っている女中もいた。現に『一友人』の子の一人は一高のとき私と同級になり、現在なお半分他人のような、半分兄弟のような交際を続けている」（前掲書）と告白している。

驚いてしまうが、栄一は屋敷の女中にも手をつけているのだ。いったい何人の女性と性愛関係を結んだかはわからない。隠し子も相当数いたらしい。

そんなだらしない父を見ていたからこそ、篤二もこんなふうになってしまったのかもしれない。ただ、栄一は家庭を壊してまで、女に入れ込むようなことはしなかった。それが、両者の大きな違いであろう。

渋沢家に幸福をもたらした苦渋の決断

ともあれ、篤二が芸者と起こした事件により、栄一は苦渋の選択を迫られた。そして最終的に明治四十五年（一九一二）、篤二を廃嫡することに決めたのである。

大正二年（一九一三）一月十日、渋沢家は篤二が「身体繊弱」という理由で東京地裁に廃嫡申請を提出、これにより正式に廃嫡が決まった。

多くの実業家や有能な学者や科学者を支援し、多数の孤児を育てた栄一は、自分の後継者の育成に失敗したのである。

なお、篤二に代わって跡継ぎになったのは、次男の武之助や三男の正雄ではなく、篤二の長男・敬三だった。敬三は学者肌で、動物学者を目指していた。が、栄一は敬三に将来性を見いだし、正装姿で敬三のもとに出向き、頭を下げて自分の跡を継いでくれるよう頼んだ。

そこで敬三もこれを了解し、東京帝国大学の経済学部へ入り、卒業後、横浜正金銀行へ入社、以後、経営者としての道を歩んだのである。その後、栄一のライバルだった岩崎弥太郎の孫にあたる登喜子《ときこ》と結婚、渋沢家の当主としてさまざまな会社経営にたずさわった。敬三は名経営者であるとともに、銀行にいたことで金融にも詳しく、日銀総裁に就任。戦後は政治家に転身して大蔵大臣をつとめた。晩年は若い頃の夢を叶えようとしたのか、民俗学者としても活躍した。

まさに栄一の期待したとおりの人物となり、渋沢家を発展させたのである。そういった意味では、栄一の見る目は、たしかだったといえよう。

最後に、篤二のその後についても記しておこう。

渋沢秀雄によると、「父の事業や家督の相続から解放された篤二は、長男敬三が情理備わった人なので後慮の憂いはなかった。彼は後年宗家から立派な家屋敷と月々の仕送りをもらって、思う女と安穏に暮らしていた。私もたびたび遊びにいったが、長兄はセッターの優雅犬を数匹飼ったり、気の合った知友を夕食に招いたり、生活を楽しむことだけが、商売みたいな、世にも気楽な一生を送った」（前掲書）と語っている。

残念ながら栄一が期待したように、家から出ても篤二が奮起することはなかった。むしろ、与えられた財産を使いながら、気ままに人生を送ったのである。

繰り返しになるが、後継者の育成に失敗した栄一だったが、温情から篤二をそのまま跡継ぎにすえず、あえて廃嫡するという決断は、渋沢家にとって幸福をもたらしたのである。

親の心情としては、馬鹿であっても息子を切り捨てることは難しい。それをあえて断行する勇気は、われわれも大いに学ぶべきであろう。

「渋沢栄一関連企業」年商規模別売上高TOP10

1000億円以上	54社以上
500〜1000億円未満	17社
100〜500億円未満	35社
50〜100億円未満	7社
10〜50億円未満	9社
1〜10億円未満	9社
1億円未満	2社
未詳	4社

企業名	ルーツのある企業	売上高
ENEOS株式会社	北越石油株式会社など	6兆1827億円
KDDI株式会社	日本無線電信株式会社	4兆627億円
三井物産株式会社	三井物産会社	3兆2605億円
株式会社三菱UFJ銀行	横浜正金銀行	2兆6354億円
関西電力株式会社	名古屋電力株式会社	2兆3326億円
株式会社三井住友銀行	三井銀行など	2兆2833億円
東京海上日動火災保険株式会社	東京海上保険会社など	2兆2613億円
損害保険ジャパン株式会社	日本傷害保険株式会社など	2兆1414億円
株式会社みずほ銀行	第一国立銀行など	2兆1329億円
九州電力株式会社	名古屋電力株式会社	1兆8133億円

「渋沢栄一関連企業」の業種別内訳

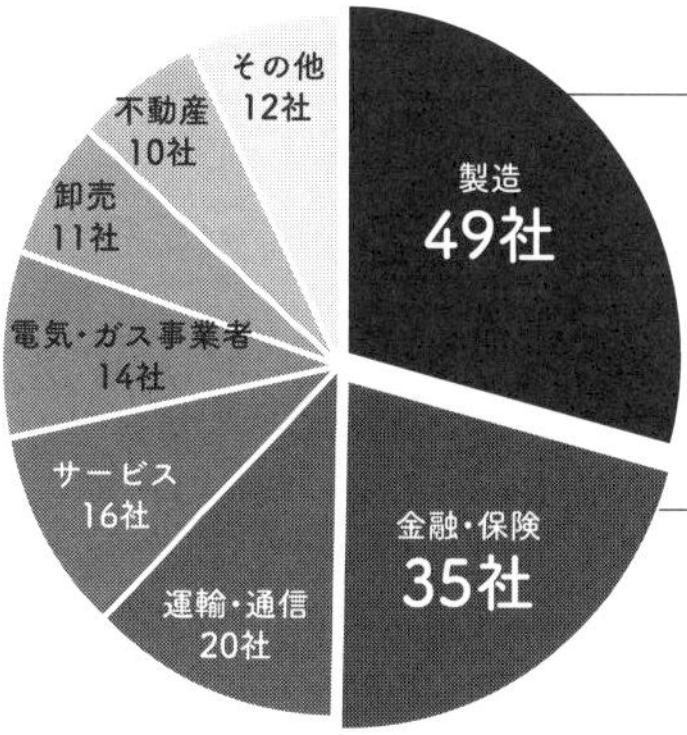

化学工業 10社
日本曹達、ダイセル、第一三共 など

食料品・飼料・飲料製造業 6社
キッコーマン、日本水産 など

一般機械器具製造業 6社
三菱重工業、住友重機械工業 など

金融機関 24社
三菱UFJ銀行、三井住友銀行、みずほ銀行
りそな銀行、あおぞら銀行、横浜銀行 など

保険業 9社
マニュライフ生命保険、日新火災海上保険 など

（帝国データバンク「TDB」2022/4/19より）

[著者略歴]

河合敦（かわい・あつし）

歴史研究家、歴史作家。多摩大学客員教授、早稲田大学非常勤講師。

1965年、東京都生まれ。青山学院大学文学部史学科卒業。早稲田大学大学院博士課程単位取得満期退学(日本史専攻)。「世界一受けたい授業」(日本テレビ)、「歴史探偵」(NHK)、「日本史の新常識」（BSフジ）、「ごごカフェ」（NHKラジオ）など多くのメディアに出演する他、執筆、講演、テレビ時代劇の時代考証、監修など、幅広く活躍中。

『日本三大幕府を解剖する』『江戸500藩全解剖』（以上、朝日新書）、『幕末・明治 偉人たちの「定年後」』（扶桑社文庫）、『徳川家康と９つの危機』（PHP新書）、『面白すぎる！日本史の授業』（房野史典氏との共著、あさ出版）、『早わかり日本史』（日本実業出版社）など著書多数。

P114、P128画像提供：西川文化財団

日本史で読み解く「世襲」の流儀

2023年11月１日　第１刷発行

著　者　　河合 敦

発行者　　唐津 隆

発行所　　株式会社ビジネス社

〒162-0805　東京都新宿区矢来町114番地 神楽坂高橋ビル5階

電話　03(5227)1602　FAX　03(5227)1603

https://www.business-sha.co.jp

〈装幀〉中村 聡

〈本文組版〉M&K(茂呂田剛)

〈印刷・製本〉大日本印刷株式会社

〈営業担当〉山口健志

〈編集担当〉大森勇輝

ISBN978-4-8284-2552-8